CLOUD
MANAGEMENT

云管理

互联网+时代的组织管理革命

王紫上 著

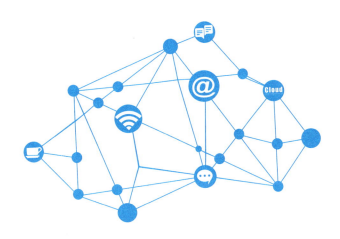

人民邮电出版社

北 京

图书在版编目（ＣＩＰ）数据

云管理：互联网+时代的组织管理革命 / 王紫上著
. -- 北京：人民邮电出版社，2016.3（2016.3重印）
ISBN 978-7-115-41429-8

Ⅰ．①云… Ⅱ．①王… Ⅲ．①企业管理－管理模式－
研究 Ⅳ．①F270

中国版本图书馆CIP数据核字(2015)第316549号

◆ 著　　　　　王紫上

创意图解　王　嵘

责任编辑　恭竟平

责任印制　周昇亮

◆ 人民邮电出版社出版发行　北京市丰台区成寿寺路 11 号
邮编　100164　电子邮件　315@ptpress.com.cn
网址　http://www.ptpress.com.cn
北京天宇星印刷厂印刷

◆ 开本：720×960　1/16
印张：14　　　　　　　　　2016 年 3 月第 1 版
字数：194 千字　　　　　　2016 年 3 月北京第 2 次印刷

定价：49.80 元

读者服务热线：(010)81055296　印装质量热线：(010)81055316
反盗版热线：(010)81055315

广告经营许可证：京崇工商广字第 0021 号

从有到无

在我眼中，紫上是天生属于互联网的。

她是我的老乡，山东威海人。

紫上性情直率、简单善良、大气豁达、充满灵性。

2000 年我在公司第一次认识刚入职的紫上，至今已经 15 个年头了。

那一年，紫上做了一件事，改变了我一生的轨迹和命运。

她就像童话中黑暗里划火柴的那个小女孩，让我第一次看到并体验了虚拟世界的神奇。

当时我所在的公司要开发一个社区型网站，公司用传统的方法招聘了一批高大上的技术人员。他们白天黑夜加班加点，从功能设计、结构设计到代码编程，从升级迭代到功能测试，却总是达不到上线的要求，直到超过预定时间节点几个月之后，网站依然未能上线。就在我心急如焚之际，不在技术部也不负责该项目甚至不懂开发编程的紫上，只用了一周时间就神奇地完成了该网站的开发。

紫上先用 QQ 远程找了大连海运学院一个大四的学生 HOLLY，HOLLY 在互联网上找到了一款类似的开源代码，在此基础上又找人根据紫上的需求描述，进行了参数配制和页面美化，网站瞬间审核上线。

我当时就傻了！两边的反差、对比是如此强烈：几天对几个月、一个人对一群人，稳定可靠对 BUG 无数……效率、成本、速度、质量，宛如常规武器与核武器的差别，完全不在一个量级上。

为了弄清究竟，我让紫上尽快把 HOLLY 这个神人请到北京。HOLLY 来了之后，我发现他不仅是个没毕业的大学生，而且也不太会编程时，我几乎要崩溃了！简直无法描述当时的心情。

我在痛苦矛盾中挣扎，在虚拟世界和现实世界的选择中彷徨。
是继续延续现实世界的工作方法？还是拥抱虚拟世界的工作方式？
是在金字塔的结构里继续坚持？还是在一个个扁平的蜂窝里自由飞翔？

那时的我没有意识到自己处在现实世界与虚拟世界的交叉路口上，两种不同的做事方法在我内心斗争，逼迫我做出选择。

我把紫上的工作形态总结为"虚拟与分布""融合与共赢""零成本经济"，把她创新的工作方式取名为"借力""找抄改""串联变并联"和"虚拟群组"。实际上就是现在众所周知的"搜索""外包""众包""开源"和"群组"。

之后，我和紫上都离开了那家公司。

2002 年 8 月，紫上用同样的办法创建了自己的网站，SP 论坛 (www.spforum.net.)。在 SP 论坛中紫上的 ID 名为"小龙"，行业的人都亲切地叫紫上为"小龙女"。2003 年，受紫上的邀请，也因为被她神奇且先进的工作模式吸引，我抱着向互联网学习的态度，有幸成为她的合伙人。

来到 SP 论坛，我从过去的痛苦中解脱出来，真正成为了从现实世界到虚拟世界的移民。

我们一起和千里之外的同事、版主、网友一起做社区和媒体，靠广告流量营收获得生存和发展。由于我们采用了先进的云管理模式，很多同事都在二三线城市，管理成本和运营成本很低，效率却很高。近十年来，我们适应了一次次的行业变迁，进行了一次次的业务转型：从 2002 年开始的无线增值行业的 SP 论坛到 2007 年移动互联网的上方网；从 2013 年的移动游戏行业的上方汇和上方女人邦到 2016 年新三板上市的上方传媒，我们一路走来，从小到大，从无到有。

紫上写的这本《云管理》是她 10 余年实践的总结，也是汗水和泪水的结晶，书中充满了敢为人先的勇气和不惧失败的冒险精神，也有为摆脱生存困境挣扎求生的种种坎坷经历。

紫上在这本书中分享了云管理的方式方法、云管理中的团队和人性以及团队的心理变化和如何适应等问题，相信对所有想采用云管理的团队和企业都有很强的借鉴意义。

云管理也在不断地演进，这本书可以说是所有上方人集体创作的结晶，书中一个个鲜活的例子是大家工作的场景和片段，上方近 10 余年的云管理实践也证明了一个公司完全可以在取消现实办公场所的环境下生存和发展。

云管理借助互联网特别是移动互联网，将极大拓展我们的生存和生活空间，让人与人的关系更和谐更温馨，让管理更加符合人性的内在需求；节约时间和空间，实现高效高质、低耗低能的理想化管理；同时，云管理也改善了自然环境，实现了道路畅通、绿色环保，具有极其深远的社会意义。

相信"云管理"将成为未来社会的主流管理模式，未来早已发生，只是尚未普及。

张秋水

上方传媒董事长

推荐序二

云管理，风智慧

这种思维模式能让你获得 1500 亿美金

腾讯 WE 大会时，遇到了紫上女士，她刚刚推出了一本《云管理》，并以这种超前的思维，打造了她的组织平台，一种未来的组织形态，扁平化、智慧型、蜂窝群组。我当时听得眼睛一亮。

自打小阿尔法弗雷德创建大事业部，形成了全球一体化的现代公司形态以来，这种组织架构的低效与冗繁，一直受到企业家的诟病。扁平化的摸索已经快半个世纪了，受制于信息流的中梗阻与无终端，这种摸索始终停留在理论上。紫上女士的云管理公司，至少代表了一个有价值的方向。

30 年前，北京大栅栏居民，不知道此地就要尺土寸金，因此他们失去了机会。

20 年前，保守的上班族不知道商业激潮会推送一大批经济自由者，因此他们失去了机会。

10 年前，城市居民不知道城镇化的步伐正在悄然加快，因此他们失去了机会。

在此之前，我们所面临的是信息严重不对等，只能是拼运气，拼胆略，拼见识。而现在，我们所有人都居处于一个共享性的信息平台之上，所有人都知道未来的趋势——整个人类社会结构，都将在共享经济的狂潮下土崩瓦解。或者是如前 30 年失去机会的那些人，被动地卷入时代大潮上下翻覆随波逐流，或是如马云、紫上这类先行者，打开脑洞长思深考。一句话，未来拼的是脑子，我们需要一种前赡性的思维，需要像马云那样，明知不可能而执意而为之的勇气。

马云，他也不是一生下来就叫出"支付宝"三个字的。他应该也和大众一样，对于阿里巴巴推出之时的严酷环境，是心知肚明的。

只不过，公众面对这诸多无可化解的死结，看到的是问题，接受的是现状；而马云考虑的，却是未来的趋势。

支付宝这个概念，在网络交易出现之前，是不可能先验出现的。它应该是随着互联网经济的发展，自然而然出现的。正如凯文·凯利所描述的生命与意识，它是在混沌中自然生长出来的。没有先期的环境创造，就不会有创新本身。

紫上女士的云管理，是否能够成为未来的必然，尚未可知。但共享经济所带来的冲击力，必将瓦解现有的经济实体。一切旧有的都在迅速变化之中，无论是观念还是组织形态。窥破未来趋势，先行一步的人，必然占据时代潮头。

当我们坐拥互联网的海量资讯，面对着大数据下的全新机遇，以及充满无尽变数的未来，这时候，最需要的是行动智慧。

什么叫行动智慧？

行动智慧就是……就是……把握时代趋势，先干起来再说。

一件事情，之所以不可行，那只是因为你在想，却什么也没有做。商业环境会随着人的行为而变化，一旦你行动，可行的方案或创新，就隐现了出来。前提是，你得顺着趋势来，逆潮流逆规律的玩法，只能玩残自己。

现下的情形是，互联网时代堪称一日数变。如果你觉得没这么夸张，要么你已经居于巅峰，要么就是沉积于潮底，举凡居于中游，不上不下十三不靠之属，多有点仓惶失措心神不定，或者压力太大无所适从。

变数太多，无法判断，这是多数人的常态。要破局，要主宰自我人生的命运，就必须如马云、紫上他们所做的那样，于无数变量之中，只抓住那个恒定不变的常量——未来趋势。

抓住趋势这个常量，就可以行动了。但你很快会发现，时局仍然是扑朔迷离，环境与大气候，就给了你仨字：不可行！

不可行也得行，因为趋势在这里。除非是趋势错了，历史倒退，这种情况属于不可抗力，谁也没法子。你要不相信历史回潮，车轮倒转，就可以进入第二步了。

第二步就是，研究这个不可行，究竟是如何一个不可行法。

你会发现，所谓的不可行，不过是两种情形。一种是缺乏必要条件，另一种是有某种社会禁制。

前一种就简单些，不具备条件，那就引入新的变量，这个可以叫创新，为你的不可行之目标，创造出可行的条件来。马云就是弄出个支付宝，让网上交易变得可行。这一举措为阿里巴巴带来 1550 亿美元的参考市值。

后一种情况，所有的禁制，不过是人为设置。既然是人为设置，不是自然界的不可抗力，那么就可以人为绕过。曾经有家摩托车厂商，突发奇想在海外成立了家烟草公司，给国内的烟草商下订单，成品海外销售，此举竟然绕过烟草专营壁垒，令业界目瞪口呆，险些没把烟草管理局气得疯掉。我们当然不主张玩到这样，只是举个例子，表明一切的人为不可行，都不是固化的。

这就是行动智慧，不过就是把握趋势，你的行动构成不可行的解决方案。唯其做起来，才知道未来的机遇会有多大。

要记住，不可行不是障碍，而是机遇。因为这堵不可行的墙，将你的竞争对手阻在门外，让他们连尝试都不敢。而你一旦尝试，就会发现业界中有无数的现成方案，可以化解不可行。

在常态思维看来，不可行是问题，是障碍。而对于风一样的行动智慧者，却意味着机会，意味着无限可能。同样的现状，同样的起步，而不同的思维视角，决定着不同的未来。

雾满拦江

腾云智库成员，著名作家，著名自媒体人

云管理，互联网＋时代的领导力

云，是什么？

云，是 CPS（Cyber-Physical Systems，赛博物理系统）？ CPS 是一个综合计算、网络和物理环境的多维复杂智能系统，美国国家科学基金会（NSF）认为，CPS 将让整个世界互联起来。如同互联网改变了人与人的互动一样，CPS 将会改变我们与物理世界的互动。

云，是 O2O（Online to Offline）？ O2O 的应用范围不应只界定在实体店加电商或者实体店加上门服务那么窄，关于 O2O 我更认同朋友叶开先生在他的新书《O2O 实践：互联网＋战略落地的 O2O 方法》中的表述：实现现实空间体验和虚拟空间体验的闭环。想必这种体验不仅仅是只针对我们客户的关照，我们的伙伴也不应该被排除在外。

云，是什么？

是维基，是慕课？是众包，是众筹？是众设，是众创？

我们可以看到，无论淘宝还是京东，无论滴滴还是优步，无论猪八戒还是最美食，无论知乎还是价值中国，无论在行还是格理，都体现出"云"的特征。它们既有云的柔性，又有云的包容性，还有云的动态调适能力。而平台、联盟本身就颇具云色彩。

当跨界越来越流行的时候，我们发现，互联网最先摧垮的还不是现实与虚拟之界，而是纯粹的物理边界、固化的组织边界和清晰的团队边界。

当云结构、云连接、云交互、云组织、云协作、云创新风生水起的时候，我们不妨自问，原来的管理思维、管理模式还玩得转吗？

云,互联网+,带来对连接方式、关系结构、权力结构的重塑的同时,让供给与需求、市场与配置、合作与协同、管理与激励、运营与监管、效率与效能等传统的逻辑都发生了变化,甚至是游戏规则的反转。

马化腾在 2010 年的一次演讲中指出，"未来云组织和云创新时代正在向大家走来，也就是说通过信息技术和互联网技术，社会各个资源可以在需要时能够通过网络信息技术快速聚集起来，完成一项任务后又立刻消散，又能够进行下一轮新的组合。每个用户、每个中小企业都可以通过这个组织把自己的价值体现出来，并且能够从中获益。"

其实，云组织、云管理绝不会仅仅存在于所谓的"网络"公司，也不仅仅是项目型的聚散；当"互联网 +"风生水起，互联网与实体经济、第一经济与第二经济深度融合，共享经济与 WE 众经济无缝接入，大规模定制与大规模微众化相得益彰，任何一个组织都毫无例外地会被卷进。此外，无论是初创公司，还是对于跨区域、跨业务的集团公司，云管理其实都有其市场。

管理，过去重在控制，重在秩序，重在威权，重在负激励。我们处处发现，工业思维、科学管理仍然挥之不去，表现为层级分明、团队壁垒、职能分割、绩效主义。刻板的绩效主义害惨了一些企业，特别是像索尼、松下成为重灾区。

一个人本质上隶属于什么组织，就看他愿意在哪里花费更多的时间或者是"优质时间"。"自愿"不是企业组织完全能够雇佣的。"优质时间"就是要看他是否处于激活态在做事情、在创新、在持续提升。不仅如此，一个人、一个团队都存在"认知盈余"。如何去组织和匹配伙伴的能力要素，如何去释放这种"盈余"，能不能让组

织在提供对价、获得"盈余"的时候获得总体价值的优化,这其实就涉及人力资本的实质及其智力资本管理运营的问题。这的确是今后企业管理面临的巨大的挑战。

组织管理大师玛格丽特·惠特利嘲讽传统企业组织是典型的"牛顿组织",其著作《领导力与新科学》指出,"牛顿组织"将一种机械的世界观应用于管理,而机械的世界观恰恰正是制造管理问题的元凶;"西方思想的最可悲之处在于:人们对现实世界认识错误。从 16 世纪开始,人们就把世界看做一个没有生命的大机器。人们自以为聪明透顶,于是千方百计去控制世界"。

除了提到的对现实世界观照、认识不足,亟待重建相关的"假设"一样,对于可能存在的云结构依然茫然无视,则有可能损毁未来的价值。

那么,云组织、云管理,会不会打造一个独特的场景,成为人力资本与融合创新的入口?

云组织更接近于一个生态型组织,内部生态持续优化,并不断和外部生态交互、协调、融合。由此加长了创新链,放大了传播链,延伸了关系网,强化了价值网。这种生态化的力量加速了企业文化和商业文明的重构。

生态型组织更具人性化,这种尊重人性的力量会刻入组织文化的血液。这些组织也更乐于将企业成长、伙伴成长、社会责任进行一盘棋思考与实践,人力资本被激活带来的创新动能、融合效能更足,成为创新型组织与令人尊敬的组织的机率相对更大,"人岗动态性匹配、无边界融合协同、相关者各得其所"越来越成为上述组织追求的目标。

无边界组织、蜂窝组织、量子组织是近期炒得比较火的概念。玛格丽特·惠特利认为,量子思维可以帮助管理者认知到,除了机械的部分,组织中更重要的是那些不可见的、非物质的影响力，姑且称之为"场"。是"场"在决定着员工行为，即企业的价值观和文化因素。

凯文·凯利在《失控》中也提到，网络的群组织是一种分布式系统，无数个体思维聚在一起，形成超越一般水平的理解力量。

就像中国的教育往往忽视了学生想象力空间拓展和创造力发育、让孩子们变成了考试机器一样，我们企业的管理在不断强化层级、考核、控制，也往往完全忘记了管理的真正目标是什么。

格局、系统、连接的变化，必然导致形态、结构、规则、模式的变化。假如游戏规则一以贯之，必如旧瓶装新酒，闹出交通运输部门比照出租车管理"网约车"的笑话。而类似于海尔这样的机构则一直在高速运转中求变，甚至尝试变成一种分布式结构、创客化组织。

更进一步分析可以看到，组织的制度创新可以带来"红利"。耗散结构理论告诉我们，无序可以成为新秩序的源头，成长往往起源于不均衡，而不是平衡。混沌和无序有时候带来的不是纯负面的影响。这一点的确有些考察企业领袖的"互联网+"时代的领导力。

管理的逻辑、成长的逻辑、创新的逻辑都发生了很大的变化，我们的伙伴越来越多的是数字原驻民。很多人问到我同一个问题：在"互联网+"时代，如何实现企业的转型？其实，转型伊始在于思维的转型，而不是专指业务的转型；完成转型如果不能配合管理模式的因应动态调适，恐怕很难唱好转型这出戏。必须敢于用思维之剑破茧蜕变——破自我束缚之茧，破工业思维之茧，破脆弱生态之茧；还要敢于自我革命，并抱持开放心态，懂得跨界融合。

我一直强调，一个企业家的领导力，至少要具备两种能力，一是直升机能力，二是深海蛟龙能力。直升机能力是佩卡在他《数字时代的领导力》一书中提出的，要能够迅速起降，鸟瞰未来，把握当下。我加了一个深海蛟龙能力，就是要脱离开过去的职能管理窠臼，自下而上在更深一个层面来看待逻辑、关系与模式，柔化结构，优化生态。云管理能力则是这两种能力的跨界融合，是促进组织与伙伴、组织与生态的融合。

作者紫上用近 10 年连续创业和创新管理的富有成效实践经验证明，"蜂窝式群组结构是云管理的最优方式，也是智慧社会的雏形"。

不容否认，应用新模式总是有风险的，管理要匹配自家的资源、关系、能力、结构，看起来无定式。如果贸然扎进去，可能试错成本不菲，纠错也会有个过程。而本书是作者及其机构鲜活实践的积淀，可以让我们把握趋势，抓住重心，规避陷阱。当然，匹配化、个性化的安排还需要更具针对性的思考与架构。

云，是什么？

张晓峰

"互联网 + 百人会"发起人

《互联网 +：国家战略行动路线图》主编

云管理，未来企业的组织管理模式

2015 年 1 月 25 日，北京下了入冬以来的第一场雪，上方传媒（以下简称上方）的部分同事搬离学院南路的写字楼。由于我们采用云办公的管理模式，因此只有一半的同事在这里办公。搬家时我不禁感慨万千，从 2005 年夏天搬到这里办公，至今将近 10 年时间。10 多年来，上方历经了手机数据业务的 SP 时代，独立 WAP 时代，MTK 时代，JAVA 手机时代，一直到如今的智能手机时代，未来还将进入虚拟现实（VR）和增强现实（AR）时代，在更迭速度极快的移动互联网行业里，上方顺利地完成了一次次的蜕变、转型和优化。

近 10 年来，我们开创了崭新的云管理模式、四方性格体系、蜂窝群组管理，打造了适合云端团队的企业文化以及充满乐趣的游戏化办公模式，让上方成为适合互联网环境的小而美、群组式、矩阵式、蜂窝式的企业组织。感慨之余我决定将上方近 10 年来全面实践的云管理模式的经验、我们理解的未来企业平台化的组织形态以及互联网时代的企业管理经验记录下来。

上方专注于移动游戏、泛娱乐、智能穿戴和娱乐机器人等领域的媒体推广及整合营销平台，投资孵化平台，交易平台以及人才服务平台。旗下包含上方网（媒体）、上方汇（游戏联盟组织）、上道（股权交易平台）、爱知客（资料共享平台）、正版桥（版权交易平台）、上方传奇孵化器等多家公司。

上方全职成员有 50 多人，有一半的全职成员分布在全国各地家中办公。他们所在的城市包括北京、天津、广州、济南、成都、南京、沈阳、武汉、郴州、烟台、乌鲁木齐，甚至远到中缅边境的澜沧县和澳大利亚的悉尼等地。在很多企业中，老板把员工放眼皮子底下都不放心，上方却敢于彻底地让员工远离北京总部，回到家乡，一边照顾年迈的父母，一边抚养年幼的儿女，同时拥有一份在各自城市中不菲的薪水和体面的工作，乃至成为上方平台上的创业者。在最前沿的移动互联网、移动游戏领域，为整个行业产业链创造自己的客户和用户价值，让上方在一个急剧变化的移动互联网生态环境中得以生存和发展 13 年，这得益于上方传媒董事长张秋水对互联网的理解以及云管理的构想。

1997 年，张秋水连续在《人民邮电报》头版打了 3 天的广告："开辟赛博空间，创建虚拟社会。"当互联网刚刚开始的时候，他已经预知未来互联网要带来的巨大改变。虽认同者少，但他以此铭志，他意识到互联网的力量和互联网将会给社会带来的重构和巨变。

2000 年张秋水的公司从通信领域转型互联网，时任一枚小编辑的我，无意中率先以外包开源的方式，用一周时间完成了技术部 2 个月未完成的技术任务。随后我们又试验了很多次以外包开源的方式做事，每次都获得了成功。这让张秋水彻底清醒地意识到互联网具有开放、自由、平等、扁平、虚拟化、开源之路的特点，并因此开创了"开放与共享，融合与共赢，除零经济"的互联网理论。

2002 年 8 月我开始独立创业，建立 SP 论坛（www.spforum.net）。12 月 1 日网站上线，是用外包的方式开发了当时的网站和论坛，网站开通没多久就聚集了大量无线增值行业人士，一年时间成为当时炙手可热的垂直领域专业论坛。2007 年 SP 论坛升级为上方网，2014 年升级为上方传媒。自 SP 论坛开始，我们在实践过程中，探索了云办公工作方式，并形成了崭新的云管理模式。

云管理是一套管理理论体系，可以帮助企业降低运营成本，提高企业工作效率。云管理是互联网时代企业管理模式的颠覆性变革，它运用社交网络、移动互联网、云计算等新兴技术，让互联网企业的管理架构到云上；它通过创新型管理模式，将企业组织打造成为一个健康运营、管理高效、生机勃勃的智慧体。云办公是指在家办公、远程办公或者移动办公的形式。在云管理的形成过程中，企业将突破地域和时空的限制，让云办公和集中式办公没有多大的差别，它们只是企业形成云管理之后的结果和表象。

云管理可以将企业从有形的、看得见的集中统一办公、面对面连接的形态，变成无形的、看不见的自主化云办公、云连接的形态。

云管理可以将企业从工业时代的公司，变成信息时代的平台，先把企业从无到有建起来，再把企业整体平台化，做成无形的系统化的企业生态系统，做成支持创意、创新、创业的森林，让平台化的系统生态企业去孵化出更多的创新型组织、创客型团队。

云管理可以让平台和生态圈里的每个人都有机会成为独立的创业者，都有可能发起创立一家以自己为主的创业公司。每家创业公司都有机会获得个性化的阳光、水源和空气，都有可能因创造性破坏而死去，也都有机会在磨砺升华迭代中涅槃新生。

在本书中，第一章到第四章主要是讲云管理的具体方法和实施步骤。它帮助传统企业、互联网企业进行企业内部流程改造，让企业的管理更为高效。

第一章，主要分析了互联网＋时代，企业如何进行内部的扁平化组织改革，这是云管理中最重要的基础，它保证我们能在瞬息万变的时代变化中适应变化，快速迭代。

第二章，重点讲蜂窝型组织在云管理中所发挥的作用。不管采用什么样的云办公形式，蜂窝式群组结构都是云管理的最优方式，也是智慧社会的雏形。

第三章，分享如何能保证团队中的成员了解自己所负责任务的可操作性步骤和工作重点，确保每个人都能在工作中尽量地接近完美状态。

第四章，分享我们需要使用什么样的软件或者工具，解决工作目标管理、任务协同、群组沟通和团队成长这四个问题。

第五章到第九章的内容主要讲人、讲道，讲人的性格、人内心的状态和情绪变化，以及如何让团队成员保持良好的工作状态。一个不研究团队和人的企业很难发展壮大，这些章节将帮助我们建立起良好的企业文化和氛围，培养团队积极进取和主动担当的精神。

第五章，四方性格是云管理的基础，我们如果尽可能多地了解同事的性格、优点和缺点，就能够让每个人都可以从事擅长的工作，培养出工作高效性格互补的团队。

第六章，情绪管理的内容部分主要讲团队可能遇到的各种情绪压力。我们都知道情商高的领导者在处理人际关系时比较游刃有余，很容易平复团队成员的不满情绪，而情商低的领导者很容易把事情搞复杂。能够从容地处理团队成员情绪的领导者，更容易让企业健康有序的发展。

第七章，打造有温度的企业文化，是一家互联网企业健康成长的关键，充满长官意识和权利意识的企业可能适用于 70 后、80 后，但绝不适用于 85 后、90 后，有温度的企业文化让团队具有共同的使命感，共同制定奋斗目标，每个人都成为CEO，并为实现共同目标而努力，并感到工作的意义。

第八章，游戏化，让工作充满乐趣，分享的是如何让我们的团队成员在工作中获得成就感和乐趣，并能让团队成员保持良好的工作状态，同时游戏化的思维还能帮助我们达成商业上的目标，并获得成功。

云管理体系是我们在实践中不断积累和总结的，我们在云管理的实施过程中走了很多弯路。由于我们的境界、眼界和智慧不足，可能会忽略很多我们看不到的东西。希望有更多的人来帮助我们，不断地完善和提升云管理体系，并在此基础上，让更多的企业和创业组织受益。

扁平化、去中心化是一个痛苦的过程，无论是惯性思维的羁绊，还是权利资源的碎裂，以及失去控制的焦虑和恐惧，都曾伴随着我和我的团队们。感谢这 10 多年来和我荣辱与共，肝胆相照的核心成员们，感谢你们不管我贫穷还是富有，健康还是疾病，都一直在我身边。

感谢所有为上方的事业付出自己青春年华的团队成员们。在这个年轻的创业团队大刀阔斧地云管理改革实践中，你们也许背负了我所不知的难过和失望、痛苦和伤害，我愿在我有生之年回报你们曾经的付出。

感谢这 10 多年来所有支持上方的客户、合作伙伴和用户，我们共同见证和记录了中国移动互联网的每一段历史。感谢你们的鼓励和支持，让上方得以生存和发展壮大，让云管理有了实践创新的土壤，并最终集结成书。

谨以此书献给和我同一时代的你们。

王紫上

2015 年 10 月于书稿修改第 70 稿时　北京

推荐序一
从有到无　Ⅰ

推荐序二
云管理，风智慧：这种思维模式能让你获得 1500 亿美金　Ⅳ

推荐序三
云管理，互联网 + 时代的领导力　Ⅷ

自序
云管理，未来企业的组织管理模式　ⅩⅢ

引言

互联网 + 云管理的到来及意义　001

01 第一章
扁平化，未来组织的形态

颠覆的管理金字塔　016
扁平化企业与金字塔企业　019
扁平化企业的三大特点　022
打造扁平组织的三大关键　026

02 第二章
蜂窝群组，智慧型组织的模式

蜂窝群组的架构　035
蜂窝群组的沟通方式　040
蜂窝群组的智慧与优势　043

03 第三章
任务清单，企业执行力的保障

任务清单的建立法则　056
两种清单，满足不同需求　058
建立任务清单的好处　066
使用清单时不可忽视的问题　067

04 第四章
云协作工具，互联网开源的红利

善选云协作工具：轻监控，重人性　069
构建云管理和云服务系统：积累数据，实现共享　071
目前国内可供使用的多终端云协作软件　073

05 第五章
性格管理，洞悉每位成员的独特价值

四方性格系统，云端团队的管理基础　081
辨识四种性格的员工　090
四种性格员工在工作中的需求　092
四种性格的员工适合的工作和方向　098
辨识四种性格的领导　103
如何面对四种类型的领导　108
四种性格的人如何避短扬长　110
四种性格的人完成任务的行为模式　119

06 **第六章**
情绪引导，保持云端团队的稳定心态

认清工作中的情绪隐患　122
学会控制自己的意识和思维　128
打开头脑的牢笼，改变思维　131

07 **第七章**
基因重塑，打造有温度的企业文化

改变管理思维，从处处限制到无为而治　150
追求人性化的管理　152
企业领导层基因重塑　153
建立正向企业文化　153

08 **第八章**
游戏化，让云管理有趣而高效

用兴趣激发高效工作　162
游戏化办公的四大原则　168
把工作本身变成一种奖励　170
创造让用户快乐的产品　172
游戏化思维，赋予企业更大价值　177
"游戏+""互联网+"的新篇章　182

附录1：云管理的绩效如何评估　189
附录2：四方性格测试表　194
附录3：上方同事案例　195

引言

互联网 + 云管理的到来及意义

第一次工业革命，因为蒸汽机的发明和使用创造了巨大的生产力，让人类迅速进入了现代工业文明；第二次工业革命，因为电力的广泛应用使人类进入了电气时代；第三次工业革命，因为电子计算机的广泛使用，使互联网信息技术革命诞生了平台，诞生了生态，并把我们带入全面的互联网 + 和互联网化时代。

互联网、移动互联网正在改变着我们身边的一切，由互联网带来的信息爆炸及权威消解，加上移动互联网的便携性与及时性，企业管理形态及组织结构正在发生深刻的变化。信息革命、全球化、互联网化，企业已打破原有的社会结构、经济结构、地缘结构、文化结构。结构被重塑的同时带来很多要素的转变，如权力、关系、连接、规则和对话方式。互联网改变了关系结构，摧毁了固有身份，如用户、伙伴、股东、服务者等身份在一定条件下可以自由切换。互联网改写了地理边界，也摧毁了原有的游戏规则。

2015 年最火的一个词就是"互联网 +"。李克强总理提出 "制订'互联网 +'行动计划，推动移动互联网、云计算、大数据、物联网等与现代制造业结合，促进电子商务、工业互联网和互联网金融健康发展，引导互联网企业拓展国际市场。"在马化腾的解释中，"互联网 + 战略就是利用互联网的平台，利用信息通信技术，把互联网和包括传统行业在内的各行各业结合起来，在新的领域创造一种新的生态。

这种新的生态基于传统行业，通过互联网形成一种无缝衔接的平面化产业结构。而在基础层面，改变传统行业模式以及社会形态则要经历一次次'互联网'模式的换血式变革"。

毫无疑问，我们已经开启了全面而深刻的互联网变革，而企业内部的管理创新变得尤为重要，"云管理"则是变革中最实质的一环。当其他的互联网企业乃至传统企业在转型期间都已经开始云管理、开始支持云办公时，你是否已经准备好了迎接云管理的到来？

当其他公司一群年轻的 90 后、95 后们已经实践着游戏化云管理的时候，你是否还要求员工每天准时去公司报到，是否还延续着以 KPI 考核指标来吸引人才？当你的竞争对手说，我们可以在家办公，员工可以享受舒服、自由、信任度更高的家庭办公环境时，你能保证你的员工不会被对方吸引？当美甲美睫、保洁、按摩等服务都已经开始上门服务，其他公司的员工可以一边在家办公一边享受这些服务时，你还要你的同事天天在路上几个小时心急如焚赶赴公司办公，这样工作会高效吗？

和每家初创的公司一样，我们有集中办公的办公室，在北京的望京，我们也有开放式的办公环境。但是在北京这样的城市，上下班高峰期地铁和公交的拥堵已经成为很多上班人群的负担。每天 3 ~ 4 个小时的上班路程也让很多远离公司的同事身心疲惫，到了公司也没法好好完成自己的本职工作；还有的同事北漂多年之后，觉得自己在北京买不起房子看不到未来，老家的父母也需要照顾，因此决定辞职，离开北京回老家发展，这时他们就不得不辞掉哪怕是自己很喜欢的工作，回老家创业或者再寻求其他出路，而云办公则可以留住人才同时完美地解决这些问题。

2005 年左右我们最早开始尝试在家办公，最初只是编辑部、媒体部、技术部这些适合在网上工作的部门在家办公，销售部、财务部等很多需要在现实里沟通工作的部门并没有彻底落实。从 2007 年开始，我们建立了云管理体系，财务、招聘、人事管理、报销单据、报税、发工资等全部放到了云端。销售部、市场部、客户部、财务部等部门建立了云管理的体系和工作方法，这些团队的成员也开始陆续申请云办公，以便可以到更适合生活、房价便宜、没有雾霾的城市中继续自己喜欢的工作和事业。到现在已经 8 年多的时间，我们公司的办公室规模没有扩大，人员极其稳定，公司的 CEO、总裁、CFO、副总裁都不在公司办公，公司的老员工有的八九年都没见过领导，甚至大部分员工在现实中都互不认识，但是却有着非常高效的办公效率，完成了很多看似不可能完成的任务。

上方有一半的同事实行云办公，其中有一小部分人在北京家中工作，还有大部分同事分布在全国各地，天津、广州、济南、成都、南京、沈阳、武汉、郴州、烟台，甚至远到澳大利亚等国家和地区。这些同事有一部分是入职上方之后回到家乡，在家乡照顾家庭的同时继续与上方并肩作战。也有一部分是以前在北京、上海等大城市工作过，由于父母年迈或者生病，在大城市买房和孩子上学等生存压力较大，而决定回到家乡发展，机缘巧合之下来到上方工作，从此开始云办公的生活。他们在公司里拿一份高于当地生活水平的薪水，也可以和家人一起享受天伦之乐。

在上方有两位入职 9 年的同事，安心和蕾蕾，在这 9 年里，没有人在公司见过她们。9 年的时间，大家都是通过线上沟通，工作的事情从没耽误过，没落下过，风雨无阻，这就是云管理的神奇。

云办公还特别适合孕妇及需要照顾孩子的妈妈。目前上方有正在孕期的准妈妈，也有孩子刚出生不到半年的哺乳期妈妈，还有孩子已经上小学的妈妈，她们平时在家办公，看上去很像全职妈妈，但是却在公司担负着必不可少的高管工作。云办公让很多妈妈们不但有充足的时间照顾孩子，还能游刃有余地重回职场。

云管理的管理体系允许并支持组织中的每个人可以用笔记本或手机办公；可以在家里、咖啡馆中、车上甚至在银行排队时办公；可以躺着，可以窝着，可以去任何一个城市；可以定期线下开会，其他时间各自回家；也可以把招聘、面试、入职等全程工作都通过网络进行。虽然团队成员中会有一些关注人际关系、喜欢和大家在一起的人可以到公司集中办公，但大家依然遵循着云管理的管理规则。

云管理对企业发展的好处

1. 降低企业运营成本和人工成本

张秋水于 2000 年提出的互联网理论"开放与共赢，虚拟与分布，除零经济"中，"开放与共赢，虚拟与分布"，是目前互联网＋大家都在说的基本理论，不做赘述。而"除零经济"指的是如果我们把客户和合作伙伴当作分子，把企业运营成本和获取用户成本作为分母，那么当客户和合作伙伴的数量足够多，企业运营成本和获取用户成本足够低时，企业的价值才会最大。

企业运营是否能用足够低的成本，获取用户是否能用足够低的成本，是一家企业能够健康成长的关键。对于没有多少固定资产的创业型企业来讲，这两个成本低，意味着你有一半的概率能够生存下来。云管理最大的价值在于突破了时空的束缚，极大地降低了企业运营成本和人工成本，保证了企业的生存空间，提高了企业的生存率。

由于云管理的开放性和自由性，企业面对的人才数量也将随着地域界限被打破而成倍激增，企业人才供给压力也将随之降低。云办公成员可以分散在全国各地，根据其工作经验、工作技能的不同分配薪水，三四线城市的工资水平虽远低于北上广，但是却是当地工资的较高水平，因此团队成员在当地城市有着非常优越的生活，对企业和自己的工作也有着很高的满意度，与此同时，公司支付的整体工资水平要远低于在北上广固定办公的同类企业。

由于团队成员可以选择在家办公，因此办公室需要的办公面积、电脑设备、网络条件、办公耗材等都远低于同类企业，电脑自备、自修，午餐、晚餐自理。不仅节约公司运营成本，也降低了团队成员的交通、生活等各种成本。

2. 极大地提高工作效率

由于云管理采用的是扁平化蜂窝群组沟通，可以并行处理很多蜂窝群组的内容，因此日常的工作从串行变成了并行，极大地提高了工作效率。同时由于减少了信息沟通的层级，日常决策权下移，所以每个团队成员都可以及时做出决策，并对结果负责。

云管理消除了组织内的沟通死角，对每个人的工作响应时间都提出了很高的要求，基本上可以做到随时沟通、随时回复，因此团队的工作效率极大提高，很少能看到团队成员有懈怠的情况。云管理同事每天在不同的群组间穿梭，转换着身份，在沟通过程中，无论是言简意赅地拿着需求确认，还是不厌其烦地询问一些新人的问题，都能快速有效地得到解答。同时领导还会时不时地在群里出现，给你提点关键内容，给予鼓励、肯定和鞭策，让你不断成长。

当团队成员在一个充满自由、信任和尊重的环境里协同工作，当生活不是每天都在路上疲于奔命，当目光开始闪亮，当心情开始愉悦时，每个人都会从心底里珍惜自己的工作，全力以赴地和其他成员一起达成目标；而目标的达成则是我们继续维持云管理的秩序，形成良好循环的保障。

3. 帮助团队成员节约大量时间

云办公的最大好处之一就是节约了大量在路上的时间。在北京云办公的同事，有的公司或部门采取全体都在家办公的模式，有的采取每周在家工作 2 ~ 3 天的方式，也有的采用集中办公但可以随时申请在家办公的模式，根据自己的实际情况灵活掌握。

员工冰容如此表达她对云管理的感受："爱上云办公，因为这样的办公模式成就了我全职妈妈的角色，可以用传统办公模式中上下班途中所消耗的时间照顾家庭，孩子脸上的笑容，亲密的陪伴时光，让我感到好满足，更有充足的动力去融入一天的工作当中。"

富足的时间让我们开始变得自由，可以按照自己的想法开始真正的生活，而不仅仅只是活着。

4. 降低内耗、避免办公室纷争

有人的地方就有纷争，就有摩擦和冲突。在同一个办公室里相处，我们往往要学会如何和别人相处，喜欢一个人或者不喜欢一个人都可能变得很重要。别人的一个眼神、打招呼的神情、说话的声音大小甚至播放的音乐类型，都可能对我们产生影响。

在世俗的社会环境中，我们不自觉地会学习变得成熟、圆滑，懂得妥协，要让领导和同事们喜欢自己，获得大部分人的支持，或者成为某个小团体中的一员。而做好这些本身会消耗我们的能量，让我们扮演很多我们不喜欢的角色。

通过线上沟通，我们则无需处理线下这些琐碎的事宜，只需要和对方探讨工作，彼此支持，相互协作，人和人之间的关系也变得简单、清楚、真实和直接。

即使大家在讨论工作时稍有摩擦，也不会像在现实中吵架一样变得不可控。我们可以让自己先安静下来，可以在网络上斟酌字句，可以用表情、用图片只陈述事实，不传递情绪。即使觉得不太舒服，我们依然可以给别人微笑，从而让沟通变得更为有效、更为从容。

云管理对管理学的意义

工业时代的管理学家们传播了很多企业管理理念，尤其是 20 世纪很多的管理学理论。但是如同农业经济不懂工业经济，工业经济同样无法理解信息经济，很多管理学著作更适用于工业经济时代，而不完全适用于互联网时代。

"互联网 + 百人会"发起人张晓峰说："云管理毋庸置疑是一个值得关注的领域和方向，上方的实践和紫上的总结探索都很有意义。互联网重塑了结构与关系，这里面自然就有因组织结构、社会结构与关系结构变化而改变的合作模式，如跨界、融合，还有众包、众筹、众设、众挖、众创为代表的我称之为'WE 众经济'。从形态上云管理、云协作、云智能会成为流行，传统的管理框架已到了穷途末路。未来管理基于两点，一是基于人性，二是基于智力资本，从而各得其所。"

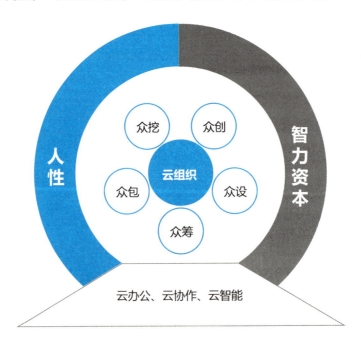

"云管理联盟"潘新说："我和紫上有深入交流，而且已经把云管理部分方法引入到了我们的组织中。云管理方法是新知，仍需大量探索，但此方法是人类组织管理学未来的方向，这毫无疑问。在云管理方法上，我们并不比西方差多少。《维基经济学》《众包》《未来是湿的》中所阐述的理论，只解决了个体自由人自由工作的问题，或者大规模合作的理论问题，但尚未为大规模合作提供有力的方法论工具。"

彭特兰在《智慧社会》一书中提出了"想法流"（Idea Flow）的概念，焦点是想法是如何涌现、流动和传播的。他认为想法流是探查人类交互秘密的钥匙，认为执行一项任务，与其分解到每个人，不如快速创建一个相互配合的组织，并关注"关系"，关注互动性和流动性。而云管理蜂窝群组就是这样的智慧体，蜂窝组织是一种加入了时间维度的组织形态；蜂窝组织像一个充满了活力的生命体、智慧体，让成员之间随时保持互动，不断地形成新的想法流。这种加入了时间维度的组织形态，仿佛让我们从三维空间进入了四维空间。它让组织变得更有智慧，让团队内部形成互相理解、互相学习、吸纳外界资源、整体互动思考、协调合作的群体，从而产生巨大的、持久的创造力。

很多人推崇凯文·凯利的《失控》，他的理念和张秋水在 2000 年提出的互联网理念不谋而合；而早在几千年前，老子和《道德经》就已经留给了我们这样的智慧。只是我们这一两百年已经习惯了从西方学习最先进的经验，而忽略了古老的东方文明曾领先于世界几千年。

潘新认为"我们所学习的管理方法，大部分是从西方学来的，中国传统上是没有管理学的。但西方管理学的逻辑基础是基督教的宗教和神学，所有管理学的'表象'都会被推导到这个层面。这在中国是没有的，也是我们很难学来的。中国的文化基础是儒释道，皆追求由外而内，儒家内圣外王，道家清静无为，佛家缘起性空，都不约而同地强调内在力量的重要性，这是西方管理哲学中较少的。西方管理学家如彼得·圣吉也从东方哲学中汲取营养。西方管理哲学很大程度上是在解决人和外部世界的冲突，中国人的哲学注重内在的圆满，以及与世界保持和谐的关系。"

试回想互联网的源头，是当年物理学家们为了突破学术杂志的局限性而建立起来的一个论文共享的平台。而这种浸透了互联网开放共享精神，在通过互联网而实现各种信息、技术、资源共享的虚拟世界中，到处散布着自由骑士一般的共享软件，也随处可见离经叛道的共享音乐、共享文本和共享图片。人类通过互联网实现了绝对的无条件的全球 DNA 序列信息的共享，经受了强大金钱等资本、资源、力量的诱惑，也经受了高标准的人类道德自省的洗礼，净化了人类的功利心，从而把初始的开放共享精神升华到了道的境界。这是互联网给中华民族原创的五千年道的智慧的最高诠释，也是五千年道的大智慧的轮回。

互联网的所有基因，呈现出去中心化、包容、虚拟、分布、开放、共享、自由、尽力而为的共性。互联网的力量体现在虚拟与分布的力量，大道无形，大道无为，就像阳光、空气和水一样，连接着地球上的各个生灵和生态，虚拟可以任意变化，分布可以发展无边。

云管理对社会的深远意义

通过互联网将一种有形、相对固定的组织结构化为无形，并将其"流体化"，其引发的效果并非仅仅停留在企业层面。作为社会结构的重要分子，当企业形态变革经历点线面的辐射扩散过程，真正受益于"云管理"的个体将因这种全新的模式而改变自身的生存形态。届时云管理所带来的影响将上升到社会层面，与民生息息相关。

目前我国所面临的主要问题是地域性所带来的区域经济发展不均衡，地区经济发展依托于企业，企业依托于资金、技术、人才，"互联网+"已经行之有效地解决了资金的问题，云管理则可以轻松解决人才、技术的难题，无需人才迁徙和技术外迁便可以通过互联网完成人才和技术的整合。同时，现阶段的区域经济不均衡带来的人力成本、技术成本差异也将直接影响资源整合的方向，继而缩小区域性落差而达到最终的区域经济发展动态相对平衡。

从城市发展的角度，目前我们触手可及的问题包括城市外来人口激增、城市住房及医疗等资源紧张、城市交通拥堵、城市污染严重等问题。这一系列由人口流动所导致的问题是一个典型的环状连锁反应，而云管理则可以从环的起点根治这一问题。当办公模式进入云管理时代，那么对大多数人才来说，"背井离乡"的痛苦选择便完全可以避免。由此引发的是外来人口增量下降甚至是外来人口数量下降，其后因城市人口数量引发的资源紧张等问题也自然不再存在。同时，随着外出需求的大幅降低，交通拥堵以及汽车尾气污染等问题也可以得到有效缓解。

云管理将改变社会形态及优化社会生产力，利用互联网无界限的特点彻底解决区域化发展不均衡的问题，解决城市人口拥挤问题，解决城市交通问题，降低城市住房压力，解决尾气造成的大气污染问题，带动落后地区生产力的发展，减缓贫富差异。

再从更小的社会分子"家庭"来看，"空巢老人""留守儿童"等问题已经是十分严峻的民生问题。究其根本还是源自于"人"的有形流动，当云管理让这种有形流动可以用无形的互联网来完成时，那么"人"的流动将不再是一种必要性选择。每个人都可以在老人、孩子的身边办公、生活。尽管"云办公"无法根除这两大问题，但大幅减少"空巢老人"和"留守儿童"却可以成为一种必然。此外，"云办公"模式打破了空间的限制，使得家人之间的距离不再被办公室束缚在天南地北，与家人的朝夕相处也将缓解社会压力导致的"家庭不和谐"等问题。

不论是从国家、城市、企业还是从家庭来说，云管理所带来的影响将波及每一个嵌套在一起的结构环，向每一个层级的社会形态进行渗透，从本质上推动社会形态的进化。当然，云管理只是促使社会形态进化的一颗粒子，但无疑这个粒子所推开的波纹将夯实未来社会形态的基石。

云管理的弊端

云管理最大的弊端是对人的要求很高，能够云办公的人都是那些对自己的工作有责任感、敬业、自律的人。他们不但对自己的工作负责，也懂得为自己的人生负责。不能很好地自律、管不好自己、内驱力不够的人都不太适合云办公，他们本身缺乏动力和担当责任的能力，需要靠别人的约束才能持久、规范地工作。云办公中没有8小时监控，但每个人即便在家里，也是跟所有公司坐班的员工一样坐在电脑前自觉完成工作，这确实需要高度的自觉性与自律性，也在一定程度上锻炼了个人的自觉与自律能力。

云管理对人要求高还有一种情况，如果企业和业务规模不断扩大，老板需要成长，原来的中层和基层成员也需要成长。但是有些管理层成员习惯了自己亲自动手干，因为不但干得比别人好，还很有成就感，就很容易一插到底，不给其他成员以成长的机会。而云管理的蜂窝组织带来的信息畅通给中高层亲自练手提供了很好的土壤，可以说只要大家想干，就有干不完的事；所以云管理对企业中高层领导提出的要求是，知道哪些是需要自己亲自参与的任务，哪些只需要知悉即可；知道自己什么时候应该不干，从"知道怎么干"转变成"知道干什么"以及"找谁去干"。

如果管理不好，云管理还会造成另外一些问题。比如2013年2月雅虎因在家办公同事的工作效率与质量下降而发出通知，要求所有远程办公的同事必须到离家最近的雅虎办公室中办公，不遵守该制度的员工将会被要求离职。雅虎推行这项制度引起了雅虎很多员工的强烈不满，他们表示，当初之所以加盟雅虎主要是因为其工作的灵活性。由此可见，如果只是简单的在家办公，而没有相对应的云管理体系

做约束，那么有可能会导致工作效率和质量下降。

云管理采用蜂窝群组沟通，基本上每一项任务都不是由单个人完成的，而是依靠大家的智慧，比如一线的成员在独自面对客户或者合作伙伴时，其背后都有一个团队在支撑。这样的工作模式会造成个别没有自知之明的人自我膨胀。如果一个人对自身没有清晰的认识，没有具备成为真正领导者的管理思路、方法、意识、胸怀、能力和人品，在欲望高速膨胀的同时，会误以为自己的能力和能量很大，会把团队的功劳认为是自己一个人的功劳，会夸大自己的能力和功劳，会向公司提出和自己能力不匹配的回报和要求。一个人内心的贪欲是别人无法满足的，如果欲望膨胀又无法得到满足的话，就有可能会因此而反目，对企业造成不良影响。

当企业组织从金字塔式的组织结构变成扁平化的组织结构，当团队成员从普通的打工者成为团队的决策者和组织者时，传统的办公室工作的形态已经变得不再重要，云管理应运而生。

第一章

扁平化，未来组织的形态

01

颠覆的管理金字塔

金字塔式的等级结构模型已经沿用了几百年，即便在今天，为数众多的企业仍然采取此种运行结构。这是因为该结构在相对稳定的环境下，在信息相对闭塞、不对称的时代，不失为一种较好的组织模式，它机构简单、权责分明、组织稳定，并且决策迅速、命令统一。

在传统的金字塔企业中，组织结构大体可以分为决策层、管理层、执行层等3 ~ 4 个层次。决策层决定企业发展的战略、确定任务优先级、做重大决策；管理层负责团队的日常管理、任务规划，统筹和分配资源，分派具体任务，落实到人；执行层负责具体任务、事件的细节执行和完成。传统的金字塔结构是建立在领导们需要英明神武，必须拥有必要的战略信息和知识的假设基础上的。只有领导们能很好地认知周围的环境和出现的情况，他们才能清晰地告诉下面的中层应该做什么和怎么做。

但是在复杂的、网络化的环境中，这一切变得不一样了。金字塔底部的团队成员才能密切接触市场、客户，大家每天所面对的市场环境和客户、合作伙伴的情况随时都在变，以前围绕领导为中心的情况，将变成以客户和用户为中心。如果按照传统的金字塔结构的方式，由下属将信息一层层上报，然后再等着领导们做出指示，再将指示一层层传达到一线的团队成员时，外部环境很可能已经发生了彻底的改变。

传统金字塔正三角结构

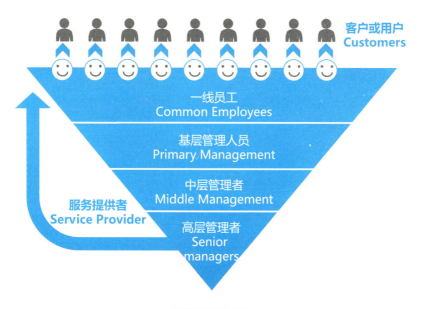

扁平化倒三角结构

互联网将人与技术，人与人之间产生的信息、知识、信任和信誉进行了大规模关联，信息流动不再单调，团队成员与外界之间不再存在信息隔离。很多一线的同事比决策层、管理层更了解外部环境，一线团队成员与管理层之间的关系也发生了变化。除了知识与信息外，权力与权威也必须在团队成员与管理层之间进行双向流动。

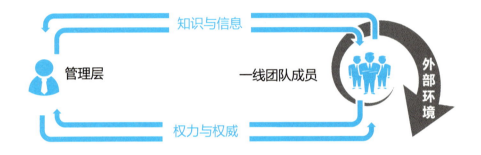

比如小米公司的组织架构，基本上是三级：七个核心创始人—部门 Leader—员工。而且不会让团队太大，稍微大一点就拆分成小团队。从小米的办公布局就能看出这种组织结构：一层产品、一层营销、一层硬件、一层电商，每层由一名创始人坐镇，能一竿子插到底地执行。大家互不干涉，都希望能够在各自分管的领域给力，一起把这个事情做好。除七个创始人有职位，其他人都没有职位，都是工程师，晋升的唯一奖励就是加薪。

而谷歌公司也有一系列的管理创新，为自己设计了一种全新的组织结构，表现出扁平化、网络化、彻底分权、高度民主的特征。这不但保证了谷歌的高效运行，而且极大地激发了组织成员的创新能力。谷歌的产品研发小组一般管理者有超过 50 人的直接下属，有些甚至达到 100 人，加速信息分享和流动，避免了官僚文化阻碍创新。

在互联网组织中，企业将变成扁平化、倒金字塔型的组织。管理层和执行层可以做到三位一体，没有特别的层次分明，每个人既可以是决策层，也可以是执行层。越来越多的企业开始尝试变成扁平化的企业组织。

扁平化企业与金字塔企业

扁平化企业和传统金字塔型企业存在哪些根本不同呢？是不是就彻底地把金字塔拍成大饼，完全没有层级的概念了呢？其实表面的扁平只是表象，本质上是有比较完善的体系来支撑扁平化企业结构的。扁平化企业和金字塔型的企业有以下三点不同。

日常决策权的下放

金字塔式的企业管理是中央集权式的决策模式，而集权式的决策体系很容易引起权力的集中，领导们很容易变成特权阶层，高高在上，正确与否由领导们说了算。

金字塔企业的领导们如果想了解公司的整体情况，需要通过中层层层汇报，中层汇报的内容就是自己能掌握的情况。这导致领导无法掌握公司第一手的市场和客户信息，不但延时，还延期了解公司的状态。

扁平化组织中，决策权从中央集权式分散，不再聚焦在一个中心，而是去中心化。决策层、管理层和执行层都是扁平组织中的一分子，如果企业管理采用的是群组式沟通，那么企业管理决策将由群组中的团队成员集体作出，每个人都提供自己的智慧和意见，然后做出行动。

在从金字塔结构变为扁平化的企业组织中，决策流程减少，决策速度也会加快，权力得到下放。因此，传统金字塔型企业用 2 ~ 3 天才能做出的决策，在云管理企业中可能 20 分钟即可做出。

个人身份和角色的改变

在扁平化组织里，决策管理层从以前领导、指挥的身份和角色变成企业团队里的资源的提供者、分配者、支持者，思路的指导者、设计者，规则的制定者，秩序的维护者，可以为团队做指导、纠偏、调整。他们不但可以对企业组织要素进行整合并设计组织结构、策略、发展的基本理念，更重要的是，他可以帮助团队界定真实情况，协助团队对真实情况进行正确、深刻的把握；同时，督促团队的成员积极参与讨论，让执行层的每个人担负起责任，提供自己的智慧，而不一定由决策层做出决策。

- 整合企业组织要素
- 设计组织结构、策略、发展的基本理念
- 帮助团队界定真实情况
- 督促团队的成员积极参与讨论
- 提高团队成员对组织系统的了解能力

领导、指挥

提供者
分配者
支持者
指导者
设计者
制定者
维护者

管理层可以出现在公司运转秩序异常时，在公司运作秩序正常时无须出现。他们的存在就是为了让平台上生存的每个部分都高效、稳定地运转，需要资源时补足资源，需要资金时补足资金，需要指导时给予指导，需要鼓励时及时鼓励。

扁平化组织中，决策层还有一个主要任务，即提高团队成员对组织系统的了解能力，促进每个人的学习。

例如海尔公司的扁平化组织，把员工从原来的一个指令人和执行人变成一个接口人，也就是说不是要你一个人把这件事做好，而是要你去整合相关的人把这个事做好。举个例子，过去做尼日利亚市场，可能是 10 个人来做，现在就变成了 1 个人，我们俗称光杆司令。这个人需要做的是把这个项目目标定下来以后整合全球的资源，包括合作伙伴也可以一起参与进来。

信息保密层级的区分

不同层级的团队成员获取的信息保密等级不同。决策层可以接触到企业最核心的机密，比如企业资本运作、重大战略规划、企业最核心资源、合作伙伴等。而执行层接触的是具体事件的信息，在公司内部属于非核心机密。

越是层级高的管理层，接触的核心机密越多，拥有的信息量越大，拥有的资源也越多，其重要程度也就越高，需要给其他成员提供的帮助、服务也越多。

扁平化组织真正的层级分别体现在处理信息量的数量级上，你有多大的能力处理多大量级的信息，并能为多少个同事提供智慧和帮助，这决定了你在团队中的位置和身份。

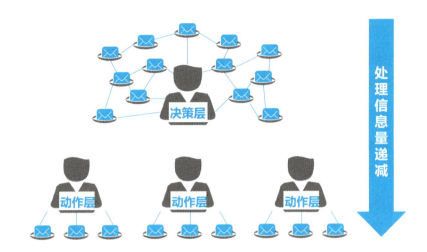

有一些工作过程中产生的信息层级不高，是团队在实际工作中产生的讨论和决策过程，根据时间和重要程度，决策层可以事后浏览和知悉，也可以实时参与。主要目的是看看大家的讨论有什么不妥之处，方向是否符合公司整体发展，是否需要调整工作重点和方向，需要决策层提供什么资源或者帮助；或者在他们有很棒的创意、不错的成绩时给他们点赞，成为他们的啦啦队。

在互联网时代，一个人并行处理问题的能力越强，拥有的信息量越大，拥有的资源也越多，其重要程度也就越大，需要给其他团队成员提供的帮助、服务、精力和时间也就越多，在团队中也就会成为核心成员。

扁平化企业的三大特点

客户中心化

互联网企业面临的市场环境急剧变化，团队必须不断地根据市场情况调整决策。

因此，在扁平化组织结构中，除了常规的组织结构设置之外，增加了以客户和用户为中心的横向业务单元之间的联系，对同一产品、同一分类客户、同一地区的业务进行整合。决策权从集权到分散，不是聚焦在一个中心，而是去中心化，由最容易接触到用户和市场的一线员工提供最快的信息，围绕客户和用户的情况做出决策。决策层、管理层和执行层都是扁平组织中的一分子，企业管理决策将由群组中的团队成员提供意见，由集体作出决策，每个人都要负起自己的责任。

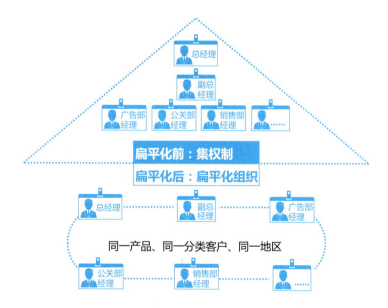

比如上方要为一家大型游戏公司提供综合性的传媒和营销解决方案，那么在提方案阶段，对接这家企业的销售代表会组建一个新的工作组，可以把 CEO、销售副总裁、媒体主编和公关部等各部门的相关同事拉进来，共同解决客户的所有问题，而每个人都是团队中的一分子，可以随时随地提供协助。

企业平台化

扁平化组织让传统企业的部门之间变成协同关系，用户也可以参与决策过程。

这将组织变成并联平台的生态圈，组织随时可以变化，人员也不是固定的，可以根据需求随时调整。企业平台化将使得企业各部门的资源为我所用，各家公司的资源，乃至互联网的资源都可以为我所用。

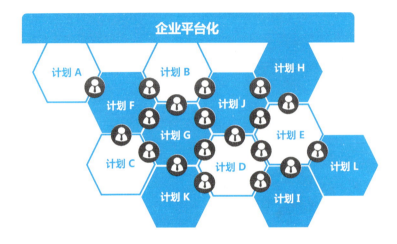

上方的扁平化组织是蜂窝群组结构，每个小的蜂窝都是独立的六边形，相互独立而又相互协作，而一群群的蜂窝组织就形成了一个庞大的平台。

不管企业是 20 人还是 50 人，都可以朝这个方向持续发展。当平台能支撑的团队及团队成员是十几家独立公司时，成员就会达到200人乃至2000人的蜂窝数量级。

因此，那些上万人的企业，比如华为、海尔，当他们成为扁平化的企业组织时，相信他们内部充满了无数个蜂窝组织，从而形成了无形的生态体系。每个蜂窝组织都按照既定的游戏规则运行，从而得以百花齐放、百家争鸣。

员工创客化
在扁平化组织中，以前处于金字塔塔底的团队成员将成为企业团队中至关重要的部分，他们直接面对产品、客户乃至用户，亲身感受用户体验，了解用户感受，第一时间根据用户的反馈提出任务、讨论任务，并推动任务实施和完成。

扁平化的企业管理团队中，领导和团队实现了真正的平等对话。

每个人都有机会释放自己的创造力和想象力，每个人都是自由盛开和绽放的花，需要拥有独立的空间。他们是能够感知市场并及时把握机会、做出信息反馈的创造者，每个人都有机会去实现自己的梦想，都可以是以自己为中心的一家公司，借助企业生态圈里的资源整合，完成自己的创业。

海尔电商天猫经营体长孙胜波还有另外一个身份，海尔电商天猫小微公司的总经理。简单来说，小微公司就是一种创业公司机制，它拥有自主的决策权、用人权、分配权，员工自主经营，他们既是海尔的员工，又是小微公司的创业者。作为第一个试点小微机制的团队，天猫团队业绩2015年同比增长400%，除正常工资收入，还创造了可供团队分享的盈利超百万元，这在海尔传统的组织体系中是无法实现的。

打造扁平组织的三大关键

人人都是变形金刚

扁平化组织中，人才可以重复用，像变形金刚一样随时随地组建新团队，或者说是组建虚拟任务小组，完成新任务。不管是企业内部的基础建设项目，还是面向客户和用户的一线营销队伍，都可以用这样的建队方式完成很多不可能的任务。

有了明确的需求之后，企业内部需要组织资源完成需求，除了常规的人力资源可以由固定岗位提供，其他涉及的人力资源都可以从自己部门、其他部门或者平台上的其他公司临时寻找，或者可以直接对接企业外部的资源，比如外包、供应商等。这样的组织像变形金刚一样，随时变化，随时组建，任务结束时组织可以随时解散。

比如某家知名的淘宝电商有 400 多名员工，但组织架构只有两层，以 CEO 为首的核心管理团队以下分为 30 多个学院，但每个学院不是一个部门组织而是一个基础的作战单元，类似于一个特种部队，平时独立作战，有重大任务时，根据需要，某几个学院可以随时重组为一个全新的大部门，任务结束后再解散回归原编制。

再比如上方海外部，定期组织针对北美市场、日本市场、韩国市场、欧洲市场的访谈、沙龙、数据分析等工作，组织海外企业讲解海外市场，为客户做传播和品牌宣传，帮助更多游戏企业走向海外。在活动宣传期间，需要大量的传播，于是和媒体联盟部成立海外品宣部，每天信息同步，让媒体联盟部及时了解海外工作的进展情况，制订传播所需的媒体联盟计划，及时迭代信息，保障了工作的高效运转。

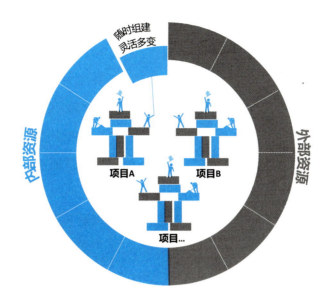

这样的变形金刚，其成员可以来自于公司内部。也可以来自公司外部的组织。其精神本质是开放的，是在一个开放的体系下诞生的。这在企业平台化的基础上，大大扩充了边界，形成了对接外部的"无组织的组织"，乃至"无边界的组织"。

互联网工作法："找抄改"

按照互联网开放与共享的根本理念，"找抄改"成为互联网企业成长的又一利器。"找"就是在互联网上搜索专业的技术和人才，最有价值的资源；"抄"就是站在巨人、前人的肩膀上，快速学习已经成熟的结果；"改"就是根据道的规律注入道的境界和方法，使产品和平台充满灵气和永恒的生命力。

互联网上开放的资源是全球的、免费的、共享的。一家企业内部的能力和资源是有限的，也不一定是最好的，全世界一定有很多非常专业的高人、牛人可以为我们所用。我们在互联网范围内寻找选择最优秀的人，他们或许有过类似经验，或许已经开发过类似的模型或者成熟的产品。找到这样的原型之后，在此基础上按照我们的要求增加相应的功能和模块，注入我们的创新思想和灵魂，就形成了适合各家公司的产品。

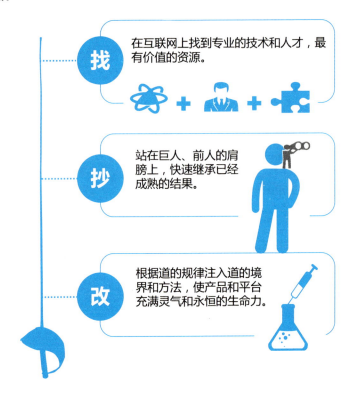

找 在互联网上找到专业的技术和人才，最有价值的资源。

抄 站在巨人、前人的肩膀上，快速继承已经成熟的结果。

改 根据道的规律注入道的境界和方法，使产品和平台充满灵气和永恒的生命力。

当互联网连接了个体，每个人都有机会成为节点，每个人都可以便捷地把自己的创意和能力输出，个人可以通过依靠互联网交易平台来承接和完成任务。

例如，我们需要设计一个LOGO，但是企业内部的设计师或者美工未必能设计出令我们满意的作品，那么最好的办法就是把LOGO外包给互联网上众多的设计师，让他们参与设计，最后选择我们最满意的那个LOGO。也可以通过众包网站众包给一群设计师，最后选定最佳的设计图片，按效果对一位设计师付费，或者对多位设计师进行付费。

很多不了解云办公的同行会说，我们得有自己的设计师啊，这样做事快。当我们需要的设计类型不同时，我们很难保证按小时工作的设计师就能设计出你要的东西。设计工作是一项需要创造力，需要自由和空间，更需要多样性的工作，最适合按效果付费，而不是把设计师养在公司里变成按时间付酬的员工，这样他们很容易变成工具而失去了创造力。

比如当我们做网站或者 App 的技术开发，基本上我们提出来的任何一个技术需求，互联网上都有成型的程序。我们可以在这些程序的基础上再根据我们的实际需求继续完善和迭代。借助这种模式，开发产品速度快、质量好，在薪酬支付上按天算、按件算、按任务结果算，成本低、风险小。这种"找改抄"模式我们从 2000 年开始尝试，目前几乎所有技术产品都是这么开发出来的，这也已经是很多互联网企业使用的比较成熟的模式。

重塑激励模式

激励模式从原来传统的、单一的按小时付费外加业绩考核、奖金，发展出两种比较有效的新激励模式，一种是按时间付费到按效果付费，另外一种是改变分配原则，将员工变成合伙人。

1. 从按时间付费到按效果付费

传统金字塔型企业里有正式员工和临时员工，有全职员工还有兼职员工，他们之间的区别是显而易见的。在很多国有企业里有大量的劳务派遣人员，他们干着比正式员工还要多的活，却拿着比正式员工少得多的薪水，而在扁平化企业里，将颠覆和改变这一切。

我们不再像传统企业一样招聘很多全职员工，也就是以月为单位，以小时为单位发工资的员工。特别注重轻资产的互联网企业，大量的全职员工会造成人力资源成本飞涨，同时也限制了人才的范围。不管多大的企业，人数总是有限的。同时，这种按时间付费的模式缺乏有效的激励机制，造成只要干满了 8 小时，就可以拿到薪水的铁饭碗机制。

而在扁平化的互联网企业中，企业和员工之间不再是简单的雇佣关系、打工关系，而会变成合作关系、创业关系乃至合伙人关系。扁平化企业习惯采用的方式是外包、众包、资源整合等，从企业的外部获取和连接人才资源，这种合作模式改变的是支付报酬的模式，从原来的按时间工作制付给正式员工、全职员工薪水，变成了按结果付费，按任务量付费，按成效付费。

而按效果付费，本来是广告领域的一个专业名词，就是不再让广告主按照广告投放时间来付费，而是按照广告投放后带来的实际效果，即实际的用户数量或是量化的潜在客户来付费。按效果付费的好处不言而喻。

我们无须招聘和拥有自己的全职员工，而是要找到或者连接能帮我们解决问题的人来一起完成任务，实现客户价值，再共同获得和分配收益。企业不必再为按时间付费的全职员工支付高昂的薪水，而且可以拥有几乎是无限的人才，只要你能够给别人分配足够的利益或产生足够的吸引力。同时，这样的机制也能时刻让合作伙伴感受到竞争的压力，从而有效地促进工作的效果。

同时，我们招聘的很多全职员工未必能为平台带来持续的资源，因为全职成员付出的是时间和能力，同时按时间付费的全职成员如果不能按时完成工作任务，很少有相应的约束机制和惩罚机制。而按效果付费的合作伙伴不但有能力，还能为我们带来资源，只要界定合同完成期限，如果对方完不成，则需要承担违约责任。招聘按时间制的全职员工，我们需要做好团队建设，需要照顾到每个人的个性和脾气，而按效果付费的合作伙伴则无需考虑这个因素。

2015 年 6 月，众包平台猪八戒网获得了 26 亿人民币的投资，非常好地诠释了在互联网 + 时代，众包和外包平台是如何改变我们的生活的。还有更多创新的企业组织模式不断被实践，网上有一篇"Uber 将提供程序员服务"的虚构文章令人脑洞大开。它设想了未来我们所用的程序员、开发人员乃至一切工种都有可能从更开放的互联网组织中来，就像专车司机替代了很多企业的专职司机一样。

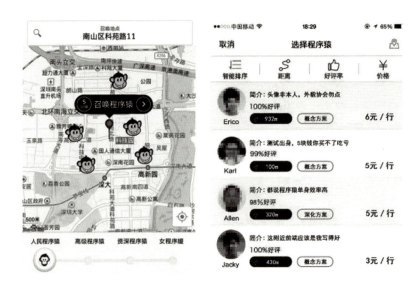

模拟召唤程序员图

　　这种供需的模式确实可能会颠覆未来的企业雇工方式。把企业需要完成的工作都看成是一项可以由更大的组织、更广泛的人群完成的任务，由原来的按时间付费的全日制工作模式变成按效果付费、按成绩付费乃至按到达率付费。

　　将用户、客户都变成企业组织成员的一部分，按照既定的规则完成不同的目标和任务，企业会变成虚拟企业，无边界的组织就会形成。在这样的平台上，每个人都有可能成为节点，成为路由器。同时客户和客户之间，用户和用户之间的连接都有可能再次形成供需和资源共享关系，产生更多的创业机会，创造更多的商业价值。

2. 改变分配制度，变员工为合伙人

　　如果企业是早期的创业企业，设计分配给创始员工的股份或者期权可以基于对方的资源，比如资本入股、技术入股或者能力入股，这些资源的估值决定了合伙人的占股比例。对于投入真金白银的资本入股来说，员工是为自己理想的项目做投资，

会共担风险，也比较珍惜，会把自己等同于企业的主人。而以技术入股或者能力入股的股份，由于没有投入真金白银，所以很多人不会共担风险，分配设计需要约定对方的服务期限及完成目标等，如果不能按约定履行义务，则股份需相应减少或转移。

很多企业发展到一定阶段，股东结构较难发生改变，除非资本层面发生较大变化，比如要融资，或者企业要挂牌上市，才可能有机会对员工进行持股奖励，核心骨干和业务骨干则可以成立新的合伙人公司，共同对本企业进行持股。

对于员工投入的价值如何估算，不同的企业有不同的参考标准，有的企业可能比较看重行政职务、技术职务、项目经验和贡献，上方看重的是做事的用心程度和担当程度，包括分享、连接、共享和借力的能力，过去的业绩以及岗位价值等。

对于一些暂时没有机会改变股权结构的企业来说，可以针对独立的项目进行独立的分配制度，比如考核质量和业绩，约定利润完成指标，完成后可以拿出10%～30%的利润（数字多少看情况和老板的格局）奖励独立团队，让每个员工从盯工资、盯加班费（如果有的话）变成盯现金流、盯利润、盯业绩。

如果独立项目非常成功，那么完全可以让个人或者团队单独成立公司，开始进行企业内部的创业，让团队持有新公司相应的股份，或者在上一级公司持有相应股份。对此还有很多传统企业负责人不太理解，觉得自己吃亏了。但如果这个人或者团队离职后独自创业，和你完全没什么关系的话，损失岂非更大？

第二章

蜂窝群组，智慧型组织的模式

02

很多学院派、理论派的文章都提到未来组织的扁平化、去中心化或者无组织的组织，但是如何去做到，却很少有人能给出答案。上方用近 10 年的实践证明，蜂窝式群组结构是云管理的最优方式，也是智慧社会的雏形。

蜂窝群组的架构

蜜蜂社群中有蜂王、雄蜂和工蜂，蜂王的任务是产卵，雄蜂的任务是和蜂王交配繁殖后代，工蜂的任务是采集食物、哺育幼虫、以浆清巢、保巢攻敌等。

蚂蚁社群也一样，有蚁后、雄蚁、工蚁、兵蚁的分工，工蚁中有巡逻蚁、护卫蚁、卫生蚁、觅食蚁，而兵蚁平时的作用是粉碎坚硬食物，在遇到威胁时进行战斗，每种蚂蚁各司其职，相互依存和合作。

蜂窝组织是由一个个六边形组成的，相互独立而又相互协作，一个个的蜂窝组织形成了一个庞大的平台，形成一群群的蜂窝组织，并可以成几何指数地增长。

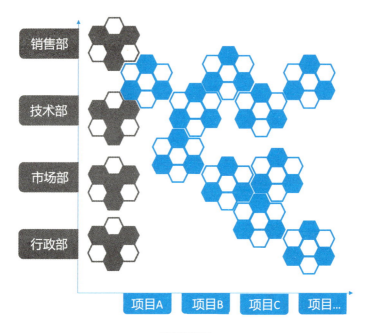

蜂窝组织图

如上图所示，一家企业有销售部、技术部、市场部和行政部这些基本职能部门，本部门的职能范围和工作可以随时在群组内沟通解决。如果遇到来自于市场、客户或者用户的新项目、新合作，则可以随时由销售部和市场部组建新的项目组 A；如果是来自客户对技术或者产品的建议，市场部则可以和技术部随时建项目组 B。项目 A 或者项目 B 任务完成或者取消时，群组则可以随时解散。以此类推，在企业内部就会自发地形成延续不断的蜂窝组织，自我建设，自我迭代，自我消解。

在云管理的蜂窝群组中，纵向的群组由基本的功能群组结构组成，如销售部、技术部、市场部、行政部，这是企业基本的组织单位。基础的蜂窝群组让每个人都能找到自己在公司中的基本定位和工作范围及职责。

横向的蜂窝群组主要是以业务和市场为导向的群组，是根据特定的项目或任务，特别的客户，特别的项目，随机组织的主题式的蜂窝式组织。团队成员可以根据任务的复杂情况，决定是否需要把任务分解成各种小项目组，并组建新的群或者组具体推进工作。

群和组的基本区别在于，群会在一段时间内比较稳定地存在，不轻易解散，会有群文件夹分享各种资料、数据或者文档。而组会在一段时间内短期存在，不需要保存文档，只是临时解决问题而已，解决问题后即可解散、退组。

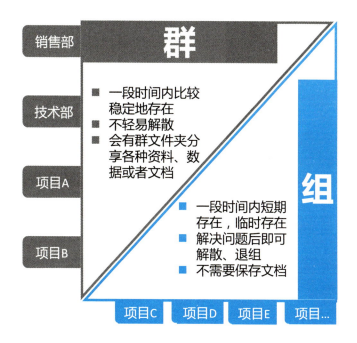

以下两张图片是上方的群和组截图。有的群组对应一家公司，如上方航母和上道航母，这2家对应的是2个独立公司的整体群，人数最多、资源最多、功能最庞大，团队成员在需要跨界和资源支持时可以直接广播。

还有的群对应一个职能部门，如媒体事业部、销售部、财务群、整合营销部、TFC 海外部队等。这是基本的纵向群组，定义每个人在企业平台的基本定位和工作范围及职责。

还有的是工作组，比如海外部品宣沟通、大会官网制作组，这些工作组临时组建，针对某些非常具体的任务，人数较少，但每个人都在该项目中承担相应的工作和职责。

根据特定项目组建的群组，项目负责人可提出需求，邀请和该项目相关的各个部门的人横向进入群组，相互配合完成此项目。每个特定的项目都由专人负责，群组成员一般都会同时横跨多个项目组，人才多重复用、多重互动，项目完成后，群组可以解散。

根据特定客户组建的群组，每个一线的销售成员都有权利根据客户情况将相关的人邀请到群组，陈述一线遇到的情况，请求帮助和协助。而其他成员则根据情况判断需要提供的协助，并进行推动。

云管理的同事基本都会横跨多个公司和部门，比如有横跨海外部门和媒体策划部的，有横跨会议执行部和会员部的，每个部门都分配具体任务，而不仅仅是列席会议。不同的人在不同的群组中身份不同，比如程序员张一在项目 A 中可能只是个列席会议和提供一般性技术支持的成员，而在另外一个项目 B 中则可能成为主要的核心成员，解决主要性问题；一位部门的领导者在其他部门和项目组中可能是一位参与者和旁听者，保持信息对称，并能够及时推动本部门与此项目相关联的环节。

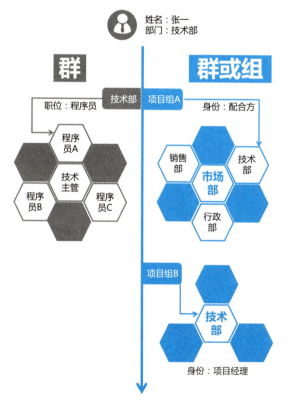

人员的多重复用，不是企业内部人手不够，而是有意识地让每个人都保持信息对称。多横跨一个部门，就能多了解一个崭新的领域，保持对外界信息的敏锐和敏感，快速成长，灵活调整，快速迭代，最后达成团队和企业共同成长的双赢局面。

蜂窝群组中的每个人都像变形金刚一样，出现在不同的蜂窝组织中，每个团队成员的身份都可能随时变化，你在这个蜂窝中的身份是负责人，在另外一个蜂窝中可能是团队成员。在公司的行政级别上，大家有一个对外的头衔或职位，但是，在公司组织内部，头衔经常会隐退，真正的"领导者"将在这样的组织结构中自动显身，这个人就是团队中提供资源和支持最多的人。

蜂窝群组的沟通方式

无论是哪一种企业办公模式，都不可避免地需要满足团队成员之间的沟通问题。传统办公的沟通模式一般如下。

1. 沟通形式：采用线下沟通、当面聊、电话沟通、电子邮件、短信、QQ 或者微信等即时通信工具；

2. 沟通人数：沟通分为单独沟通和群组沟通，单独沟通就是一对一的沟通，或称为私聊；群组沟通是和一群人沟通，少则 3 人，多可几十人、几百人。

互联网时代为我们提供了方便快捷的网络通信工具，如微信、QQ 和其他即时通信软件，因此云管理中需要采用的沟通模式是基于网络即时通信工具的群组式的沟通方式。当面沟通、电话沟通以及一对一的私聊是云管理的大忌，是最应该避免的，也是需要每个团队成员理解的最关键的环节。很多人喜欢在工作中私聊，不管用什么方式，QQ、微信、电话、邮件，都是私聊的一种沟通形式。他们认为群组沟通会耽误其他人的时间。

如果我们不愿意在蜂窝群组沟通中打扰到不相干的团队成员，减少对其他人的时间占用，可以通过以下方式来解决。

1. 建立多层次的群和组，缩小群组沟通人数

有的蜂窝群组人数较多，可能多达几十人左右，比如前面截图所示的 3 个航母群，基本上公司的全部成员都在其中。这样的群组适合于跨部门、跨公司、跨领域的信息沟通和资源对接。这样的工作群是广播平台，可以广播找人，找资源，找对接人。如果担心信息会打扰到自己正常的工作，平时的时候可以屏蔽群组，让别人找你的时候 @ 你，这样就不会错过重要信息，还不影响自己的工作节奏。

像《西游记》中，每当走到一个不知名的地界，孙悟空想了解当地的背景信息，就会拿起金箍棒敲打地面，然后"土地爷"就会应声而出，详细地指点孙悟空应该找谁去解决问题。现在的蜂窝群组恰恰还原了这样的场景，让我们经常客串一下土地爷的角色。

比如针对性地讨论某个项目，或者为某家客户提供解决方案，可以建立 3 ～ 8 人的小组，组别人数最少 3 人，最多可能 20 个人，保持在 6 ～ 8 人的小组最合适。

2. 减少支持能力较弱者的群组数量

在蜂窝群组式沟通中，每个人所在群组的数量取决于个人做事效率（最关键因素）、对时间的感受能力以及支援他人能力的大小，这些因素统称为"云管理的支持能力"。对于支持能力强的人，群组数量相应增多，有时可能多到20～30个群组；支持能力弱的人，群组数量就少，可能只有1～2个。

支持能力强的人，很容易快速分辨在群组中哪些信息是有用的，哪些是需要自己来处理的，哪些是可以忽略不计的，且并行工作能力较强。而支持能力弱的人可能在同一段时间只能处理好一件事情，因此需要减少其群组数量。

以上群组截图是上方同事"爱土豆丝"的工作群组。她说："从2013年12月底，从第1个群到第19个跨部门群，从第1个讨论组到第100个讨论组，不管是

纵向跨公司，还是横向跨业务，统计之后发现这个数量已经超出了我的想象，原来我已经做了或者已经解决了那么多事情，给自己点个赞吧。"

蜂窝群组的智慧与优势

如果从总体上评估现实中信息传递、决策形成、下达到执行层、团队精确执行到任务完成的整体时间，蜂窝群组式网络沟通有以下几大智慧。

1. 蜂窝群组沟通让企业目标更清晰更可控

工业化时代的很多管理理论都告诉我们，一个管理者最多可以领导 6 ~ 7 个人，超过这个人数就需要增加管理者了。这导致很多金字塔式的企业管理中产生了大量的管理者和被管理者，层层管理，比如团队有 30 个人，就必须有 5 个左右的管理者来管理这 30 个人。而更上面的领导层之所以无法直接了解企业一线员工的情况，也是受制于这样的金字塔组织结构和所谓团队中人数的限制。

蜂窝群组管理打破了这种限制，它让每个人支持的群组数因人而异。领导层可以加入到任何一个群组中来，有些群组需要决策层参与意见，有些群组则只需要决策层知悉情况，同时决策层可以在需要的时候了解任何一个部门的动向，了解和掌握企业实时发生的情况。

领导层可以清晰地判断每个蜂窝组织中的每一次决策，讨论该决策是否符合企业发展的趋势，是否趋近于企业所设置的目标，执行过程中是否出现了偏差。

蜂窝群组沟通可以督促每个团队成员全力以赴，比如在传统管理模式下，有很多同事都会窝在角落里工作，不会被关注到，现在可以通过群组中的沟通情况，对每个人的工作表现一目了然，可以非常清晰地了解每个人的主动精神。

又或者原来卡在某个人身上的任务，如果中层不反馈，不督促，则很难被领导层发现，而采用蜂窝群组沟通，对于阻碍项目进度的情况领导层可以及时进行监督和干预，保障项目顺利进行，保证事情有结果。

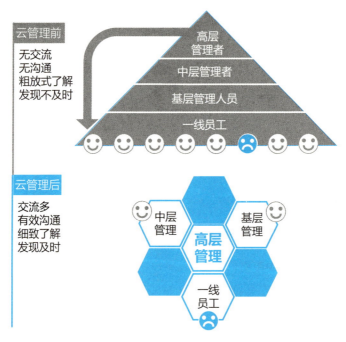

上海一家页游公司，他们在采用了蜂窝群组沟通后，CEO 一周之后就发现公司变得更加可控了。

（1）加入了各项目内部群、客服群、招聘群之后，一闲下来就及时跟进每个部门的进度，纠正问题，达到了并行工作的效果。

（2）对公司每天的问题更加深入地看到细节，而不是等待项目例会报告，避免被中层的领导误导。

（3）团队成员感觉到工作被领导层注意了，很大程度避免了群里的无效沟通，同事之间更关注工作本身，而不是闲扯闲聊。

2. 蜂窝群组沟通提高了工作效率

很多互联网企业的员工已经受益于用 QQ 群、微信群组来和公司外部、同行或者合作伙伴沟通，可以熟练地在 QQ 群、微信群里出没，但是在自己所在的公司内部却依然采用邮件沟通、线下开会的方式在工作。这些企业保持着非常传统的管理模式。

云管理的同事很少加班，但是和其他每天都加班的团队对比之后，我们会发现云管理团队的工作量远比天天加班的团队要大，工作效率要高，白天上班的时间基本都被并行的工作有效地利用了，很多零碎的时间都在处理和反馈事情。而现实中的开会模式让我们在同一个时间段内只能处理一件事情，每件事情之间都是串联的，串联的工作效率远低于并联的工作效率。通过蜂窝群组办公，同时会有很多个并联的群组在沟通、讨论和决策事情，而这些讨论的过程都需要时间去思考，因此你可以在每个需要你参与的讨论中就当下的问题去思考，换另外一个群组时再思考当下的另外一个问题，当我们全情投入当下时，智慧便会产生。多任务协作并不是指在一个时间里处理多项工作，而是指我们在每一个时间间隔里都可以处理工作。

同一个人处在多个群组中，跨部门发挥一个人最擅长的技能，从单一部门的一项工作到跨部门并行多项工作，可以最大程度地利用一个人的有效时间。对企业而言，发展到跨部门并行多项工作，我们可以在一定时间内获得更多的信息，单兵完成更多的任务，产生更大的效益。

没来上方之前，小 C 从来不看群信息，更不用说群聊。本以为自己会非常不适应这种工作方式，但接触以后却发现这种方式非常前卫，工作上公开、公正、没有秘密，执行一项任务时，可以快速分配到这个相互配合的组织里，彼此相互协调，高效率地做事。这让小 C 觉得很有激情，不但可以节省很多时间，还可以激发每个人的潜力，在组织里可以看清自己的不足，学到自己想学的东西。

3. 蜂窝群组沟通减少信息的失真

很多人都喜欢当面或者用打电话的方式沟通，因为说话的速度要远比文字或者视频方式更快、更省事，更节省自己的时间。但是这样的线下沟通很容易造成信息传递的失真。比如电话沟通后如果需要邮件汇报，则需要把沟通内容打成文字传递，如果电话沟通后再通过电话沟通，则需要进行第二次复述。

对同一件事每个人都有不同的理解和想法，每个人的复述过程都是重新解读的过程，传递到最后一层团队时可能已经违背了第一个人最初的意图。

传递一件事情的整个流程一般是这样的：

（1）事情真实发生；

（2）每个人都用自己的思维模式解读事件；

（3）对事情做出分析和判断；

（4）表达和输出自己的分析和判断。

人和人之间的差异大多来自于思维模式、个体思维的误区以及意识水平的高低。

由于不同的思维模式和意识水平，导致我们对同一件事情的解读完全不同。如果群组中的人看到的事情加入了太多的个人意识判断，那么结果有可能是相反的。

比如我们请一个人吃饭，人家回复说很忙，没有时间吃饭。
如果我们陈述事实，对方说很忙，没有时间。

如果我们加上主观判断，那么事件也许会解读为对方不愿意和我们吃饭，这样的解读会让我们产生负面情绪，从而失去理智的判断力。

蜂窝群组沟通使用文字记录的方式，方便转发，方便记录，方便截屏，可以如实地陈述和展现事实，可以让其他团队成员了解事情的来龙去脉，而不是加上个体主观判断后的意见再输出。这种沟通方式极大地避免了信息的不对称，可以让我们根据事实做出最贴近和还原事情本来面目的判断。

群组中的成员具备不同的性格和特质，我们忽略的他们会注意到，我们不擅长的也必然有人有所擅长。他们在沟通中弥补着我们的缺失，在实践中帮助我们成长。

4. 蜂窝群组让人才脱颖而出

曾经有一个很有抱负的年轻人提到，他为一家游戏平台公司服务了两年多，公司内部开中高层领导会议，由于他没有列席中高层会议的机会，因此他永远不清楚公司的 CEO 到底在想什么，也无法知道公司高层如何应对转瞬即逝的市场机会。他对企业发展有很多想法和意见，也想在公司里获得重视，但是却没有机会得到上层赏识，也错失了他想忠诚地服务于这家公司的机会。最后，这家曾经炙手可热的公司在行业飞速发展的两年里遇到诸多问题，而他也不得不另寻出路。

对企业的管理层来说，了解团队成员的情况，包括个人能力、人品、积极性、热情等非常重要，这有助于企业及时提拔人才，发掘人才，并助企业一臂之力。蜂窝群组的每个成员都有机会针对某些事情表达自己的观点，阐述自己的想法，展现自己的性格和品质，其品行、耐性、修养、能力，在每天的日常沟通中得以不断地呈现，成员之间也得以不断学习和成长。群组沟通，让领导知道下属的见解和想法，不再像传统行业领导并不知道基层同事的思想和态度。同时通过群组沟通，基层如果能得到领导和大家的赞，就会信心大增，如果得不到赞或者被批评，就会反思自己哪里做得不对，这样就做到了上下贯通。

5. 蜂窝群组降低决策风险

蜂窝群组决策从以前的领导层做决策，变成多个人一起提供智慧，最后再由负责人做出最佳决策，这样比较容易走出个体思维的误区。在蜂窝群组中，每个人都可以充分发表自己的观点和想法，大家共同切磋、商量、推导，拿出最优的解决方案。通过团队充分沟通过的决策可以利用信息的多元性，对各种可能性提供采样，在相对多采样的基础上做出决策，会比较趋近于最合理的解决方案。在蜂窝群组沟通中，也会出现争论，大家都坚持自己的想法和看法，这样的争论其实会避免因仓促决定而犯下错误，将犯错误的概率降到最低。

蜂窝群组沟通的模式容易让同事吸收每个人的经验和教训，也慢慢变得为更多人需要。比如给客户写合作方案，自己不确定是否可行时，放到群组里，上到公司领导，下到基层同事都能提出修改意见，再配合直观的沟通交流，适合客户的合作方案即可迅速出炉。

此外，将不成熟的想法直接发到群里时，若方向是正确的，那么大家可以一起讨论帮忙将想法成熟化；如果方向是错误的，也会有群组成员尽快将想法制止并说明原因，避免再有类似的想法出现。这样做的好处有很多：节省不必要的时间，让员工清楚高层对公司的愿景和自己努力的方向，避免问题在不同人的身上重复出现。而且，这样看来我们每天都是在开会，并且在同时进行多个会议。

在蜂窝群组中还会经常用到的一种机制是投票机制，大家可以迅速对多种选择优化出 2 ~ 3 种意见，当这 2 ~ 3 种意见无法达成共识时进行投票，并保留提供更优的第 4 种选择的机会。当小范围群组意见不统一或者人数相对较少的情况下，可以升级到人数更多的群组中进行投票。群组人群本身的多样性、多元性和相对较多的数量，可以保证投票的结果趋近于最合理。投票机制也不完全采用少数服从多数，决策层依然拥有一票否决权，并对结果负责。

这样的投票在选择美工、设计、图片时尤其有效，每个人的审美情趣都不同，小范围人群中大多数人选择的结果，放到更大的人数中，喜好比例大体也差不多，这就避免了产品和作品在上线后被大范围的用户诟病。

一群平凡的人也可能拥有非凡的见解和智慧，甚至比同阶层中最聪明的人更为出色。追求信息的多元性，鼓励友善的竞争和想法交流，使用投票机制来获取最优选择，是蜂窝群组作为自我组织的最大智慧之一。

互联网企业经营每天都会面临各种不可预知的情况，蜂窝群组快速反馈的机制可以让企业在一定限度内控制难以预期的各种变数，可以在很短时间内由一个群组的人而非一个人来判断事情的重要程度，以及是否需要请求更多的支持。

面临不可预知的情况，不需要来自他人的指示或者指导，由群组内部自行处理和解决，每个人可以充分互动，相互协助，随时变化角色，处理随机任务。

6. 蜂窝群组让每个人都可以成为任务处理中心

我们平时接触的任务一般是"系统任务"，这是组织内由上而下的任务，是常规的工作日中要完成的工作任务，是需要被完成的任务；还有一种是"附加任务"，这种任务来自于外界，来自于用户，来自于市场，来自于每一个独立自主的成员的额外发现，它可能是用户的一个抱怨，也可能是用户的一句鼓励，但它是否能成为发展的契机，取决于当事的同事的悟性和灵性，也取决于每个同事处理任务的能力。

有的工作比较简单，很容易理解和执行，我们发现了即可处理掉它。但也有一些任务比较有难度，对于难度很高的任务，我们很难做处理，甚至手足无措，然后容易直接忽略掉这个信息；对于我们无法理解的事情，我们也无法敏锐地捕捉到它，然后这个任务也就不会存在。

而蜂窝群组可以让每个人即使面对自己不理解的任务时，也可以通过如实陈述的方式，把自己发现的信息反馈到群组，然后获得群组其他成员的意见反馈和分析，如果确实会形成新的任务，再做出相应的决策。这种方式提升了每个人处理问题的能力，在面对市场、面向客户、面对一线时，每个人背后都有一群强大的群组在提供支持。借助团队和群组的力量，可以解决我们无法理解的任务。由此，也让每个人成为任务处理中心和资源中心，团队也可以成长为自组织系统，迸发出真正的想象力和创造力。

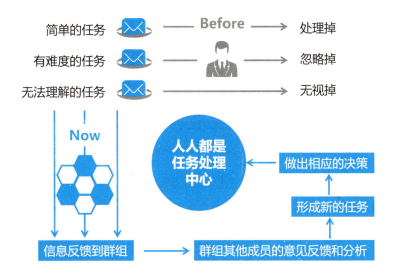

7. 蜂窝群组让组织成为智慧型组织

不管是 QQ 群还是其他协同软件，都可以为我们提供手机和电脑都能调用的云端文件、数据、资料；还可以编辑、保存、调用、同步。这些资料可能包括任务清单模版、公司规则、资料报告、任务分工等，让我们可以从蜂窝群组的其他人那里共享到需要的东西。

除了这些可以被固化的内容之外，每个成员都可以通过讨论、决策获取和学习如何做判断，如何做决策，并不断纠偏，最后可以熟练地总结经验，总结出规律，形成任务清单，快速成长，快速迭代。

蜂窝组织像一个充满了活力的生命体、智慧体，可以让成员之间随时保持互动，不断形成新的想法流。这种加入了时间维度的组织形态让我们从三维空间进入了四维空间，让组织变得更有智慧，让团队内部形成互相理解、互相学习、吸纳外界资源、整体互动思考、协调合作的群体，能产生巨大的、持久的创造力。

群组沟通不是让你更依赖同事，而是让你学会在独立思考与借力之间寻找一个趋向于正确而理性的结果。

新入职的同事，刚开始在群组沟通中可能会有些困惑，每说一句话都要反复斟酌好久，因为怕说错话被批评，不适应。切记不能让这些顾忌牵绊住，因为我们的工作实际上就是在不断地试错，然后改正，大胆地往前走，这样才会成长，才能更好地发挥自己。当越来越多的群和讨论组邀请你加入的时候，就证明了你的价值。与以往的工作性质比较，这种群组沟通让工作更透明，更高效，遇到问题也不是一个人在战斗，可以借助大家的力量，领导和同事们会非常及时地跳出来帮你解决问题、协调工作，因为大家最终的目的只有一个，就是把事情做好。

第三章

任务清单，企业执行力的保障

03

前面几章提到要给予团队极大的信任、自由和授权，让大家可以在蜂窝群组中相对自由地完成自己的工作。但是，每个人的能力和水平不同，专业技能不同，性格不同，如何才能保证团队中的成员了解任务的可操作性步骤和工作重点，确保每个同事都能在工作中尽量接近完美状态呢？

满意的工作由两部分组成，一是明确的目标，二是实现这一目标的可操作性步骤。明确的目标激励我们采取行动，知道自己该做什么，而可操作性步骤确保我们可以朝着目标前进。一个企业成败与否，执行力至关重要，它保障了前面所说的所有蓝图有可能被实现，而不仅仅是纸上的梦想。

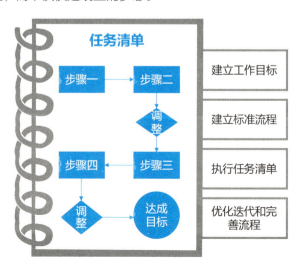

建立任务清单机制，建立每项工作的工作目标以及完成目标的标准流程，根据任务清单执行工作任务，并在执行中不断优化、迭代和完善。通过任务清单，完成不同阶段的目标释放和工作指引，可以相对顺利地解决工作问题，尤其是解决以任务为中心的工作问题。

云办公的蜂窝群组管理中，团队要对市场情况有应对之策，因此，让每个群组、每个团队成员都用 Excel 工作表或者 Word 方式生成自己的任务清单非常重要。每个蜂窝群组和每个部门的建立，都会有任务清单从无到有的过程。让最有经验或者最优秀的团队成员设计建立规则和任务清单，把他们的优秀方案复制下来。

此外，也可以让担任此任务的同事在处理事情的过程中同步建立规则和清单，并在工作执行中不断优化和迭代任务清单，为企业中每个可被复制的项目建立工作标准，最终让每个团队成员都可以在不同的情况下学习建立自己的任务清单，并分享给他人。

任务清单可以用表格的形式，直观、系统、有逻辑性地罗列出需要完成的工作、时间节点、部门、对接人、重要性和紧急度。这样，无论是阶段性的工作、战略性的工作还是总结性的工作，你完成起来都可以游刃有余。每天早晨提前半小时整理阶段性的工作表格，下班前整理总结性的表格，每周、每月整理战略性的表格。工作对接和工作安排多使用总结和归纳内容比较多的表格来进行群组沟通，直白、高效、不容易遗漏和出错。再配合群组沟通讨论表格的内容，让团队对个人的行为进行跟踪、把控和及时调整，工作交接也能做到快速、准确。

以上道平台投资交易会为例，上道主要是做移动游戏、智能玩具、智能硬件、游戏动漫衍生品、二次元等领域的"版权股权交易平台"，同时还会为创业团队提供交易平台及 FA 服务。在对创业团队的创业辅导中，上道会为评判一家优秀团队提炼出标准，建立各项标准完整的任务清单，然后对每项内容逐条做判定，最后甄选出不同级别的团队等级。任务清单可以让我们对创业团队的情况一目了然，也会帮助其他投资机构进行更为理性的投资行为。

上道每月都有一期投资人和创业团队的闭门见面会，会安排 20 组投资人和 20 组创业者一对一地沟通。每个投资团队都有独立的座位，每半个小时面见一拨创业团队，这样的沟通模式保证了私密性和高效性。但是要让 20 组投资人每半小时面谈一组创业者，有时还会遇到有的投资人要在某个时间段休息，面谈时间不能混乱，团队情况背景要一目了然，每组创业团队也对自己的时间安排一目了然，对投资团队也要了解，这就需要为每个团队定制清晰的任务清单。借助 Excel 表格，任务清单的制作大约只需 30 分钟到 1 小时即可，而且能满足以上所有要求。

新同事可以把工作组中大家分享的任务清单都研究一遍，然后把手头的工作分成一个个独立任务，每个任务又可以按照步骤拆解成小的环节，每个环节配备对应的负责人。每个环节都设置完成时间节点，然后就可以随时掌握任务的整体进度，做到心中有数。每次需要协调性工作，都可以制作一个任务清单，和同事们一起，按照"秘籍"，一步步完成每一个环节，击败每一个困难，圆满完成任务。

任务清单的建立法则

任务清单可以采用 Excel 表格来建立，也可以用 Word 来建立。推荐使用

Excel 表格建立任务清单。Excel 表格有非常强大的各种公式和功能，还可以在必要时将 Excel 表格导入 OA 系统。

设计任务清单有以下几个要点：

1. 首先要判断是哪种工作类型，需要设计几种清单；

2. 流程清单根据任务的时间顺序排列；

3. 流程清单中，需要设定清晰的任务步骤和责任人；

4. 流程清单中两个相邻的步骤为同一个责任人时，可以合并步骤；

5. 设计模板清单时尽可能的内容详细，完全穷尽；

6. 不断根据现实情况完善工作流程清单。

设计任务清单要点

首先要判断是哪种工作类型，需要设计几种清单

流程清单根据任务的时间顺序排列

流程清单中，需要设定清晰的任务步骤和责任人

流程清单中两个相邻步骤为同一个责任人时，可以合并步骤

设计模板清单尽可能内容详细，完全穷尽

不断根据现实情况完善工作流程清单

两种清单，满足不同需求

任务清单的种类主要有"工作流程清单"和"工作模板清单"两大类型。工作流程清单以事项的先后顺序为中心，工作模版清单以需要的项目内容为中心。

工作流程清单

工作流程清单一般按照时间顺序正序排列，详细地写明完成一件具体工作的详细步骤，包括序号、事项和流程、负责人、紧急程度及重要程度等。

工作流程清单可以确保每一个简单但重要的步骤不会被忽略和漏掉。

当我们需要外包设计一个图片时，就需要了解整个的外包流程，知道每一步应该做什么，怎么做。下面这个《设计需求任务外包流程清单》，详细地写明了一项任务从需求产生、费用预算、设计需求、如何验收、如何付费的流程。这样不同部门不同人如果需要外包设计任务，都可以按照这个清单来。

设计需求任务外包流程表

序号	事项	负责人	协助人	紧急程度	重要程度
1	根据图片外包清单确定需求，需求描述要尽量做到完整、明确	提出需求的同事			
2	将外包需求和群组讨论确定	提出需求的同事			
3	做出预算和完成时间	提出需求的同事			
4	选择合适的设计师，询价过程	外包负责人			
5	在财务部门挂号，汇报项目的预算费用和汇款时间	外包负责人	财务部		
6	交给设计师制作，确认对方完成结果	外包负责人			
7	将设计图反馈到群组，反馈意见给设计师，直至大家满意为准	外包负责人			
8	完成验收，并向财务部申请付款	外包负责人	财务部		

工作模板清单

工作模板清单载明了每一项细分到具体任务的工作环节、需要记录的工作内容、项目、责任人、备注、紧急程度及重要程度等。模板清单一般情况下是没有时间点的。

比如上面提到的图片外包设计中的第一个环节：设计需求清单，在这个清单中需要写明对图片的要求、风格、尺寸、格式、工期等内容。

外包设计需求清单

序号	事项	
1	字体	字体默认首选为微软雅黑，也可以主体是微软雅黑，其他想突出的文字用其他字体
2	主风格	可以通过现成案例来描述想要的图片是什么样的，也可以用语言描述
3	素材	素材包括需要用到的图片源文件，如 LOGO 等
4	尺寸	尺寸需要非常明确的宽和高，如 300 像素 ×600 像素（宽 × 高）
5	格式	ai、psd、jpg、png、Tiff 等
6	图片文字	非常准确的广告语，可以写在记事本文档里
7	工期	图片需求时间
8	打包	图片需求的打包文件包含：记录需求时间、广告语、尺寸、风格字体描述的记事本和图片素材

一份合格的任务清单可以让每一位参与的同事都能迅速了解目前的状况，了解如何执行和接手一项全新的任务。一项工作任务可能会涉及到几个清单，用于梳理不同的内容和环节。

以"正版桥 IP 沙龙活动"为案例，这个案例是由正版桥以动漫为中心，举办的一场定向召集影视机构和投资机构，并促成双方合作的一场活动。

这份任务清单事无巨细地注明了要完成一场沙龙活动所涉及的所有内容，从项目名称、项目内容到负责人和时间节点，基本上每个团队成员在拿到这个任务清单时，都可以清晰地知道自己的任务和目标，了解自己应该负责的部分，哪些还没有准备妥当，哪些任务需要重点关注。这个任务清单不会提供给客户，但却是保证团队强有力地做好一场活动的活地图。

正版桥 IP 沙龙涉及到的清单包括以下几个部分：

1. 媒体传播任务清单（流程类）

2. 设计类及邀请函清单（流程类）

3. 现场物料清单（模板类）

4. 现场人员分工表（流程类）

5. 动漫 IP 清单（模板类）

6. 影视和投资机构合作伙伴清单（模板类）

7. 具体注意事项清单（流程类）

正版桥 IP 沙龙活动媒体传播任务清单

组别	名称	负责人	协助	工作内容	发布阶段	备注
微信	上方			编辑＋发布内容	发布活动消息（活动开始前两周）－会前预热（活动开始前三天）－会中跟进（当天）－会后报道	每周一、周五发布
	上道			编辑＋发布内容		
网站	内站			编辑＋发布内容		
	外站			编辑＋发布内容		需有几家游戏圈比较知名的媒体，其他媒体多多益善。
	活动汇			活动发布	1月7日前	活动汇
微博	上方网			现场报道，图片发布	1月30日	
当天专访	口袋巴士			编辑＋发布内容。提纲由 3Y 提供	1月30日	
	178			编辑＋发布内容。提纲由 3Y 提供	1月30日	
	斑马网			编辑＋发布内容。提纲由记者提供	1月30日	
	上方网			编辑＋发布内容	1月30日	上方网报道

媒体传播任务清单（流程类）

正版桥 IP 沙龙活动设计类及邀请函清单

	负责人	项目	内容	规格	数量	我方备注	需要跟腾讯方确认
现场物料（印刷部分）		活动现场	背景板＋易拉宝	背景板：4.6米×2.5米；易拉宝0.8×2米	"背景板*1个 活动易拉宝*4个"	1月29日晚送到，安装	"各IP介绍视频投影屏幕图片演讲PPT"
		嘉宾手册	卡套＋内页	A4大小，内页是每个IP的单独介绍	60份	嘉宾手册：1. 腾讯各IP单彩页，用套壳 2. 专场交流会议程介绍 最迟1月29日送到花园	
现场物料（电子版）		"一楼大厅屏幕活动图"	活动主题	1920×1080，16：9	1	已完成设计安安负责1月30日中午开始播放	
	腾讯方	领导致辞	有关合作政策、合作方式	图片、视频比例：16比9	1	待确定	
	腾讯方	IP介绍	具体IP介绍	图片、视频比例：16比9	1	待确定	
	腾讯方	IP有关视频、图片	具体IP展示	图片、视频比例：16比9	待确定	待确定	
邀请确认		电子邀请函				已完成设计，陆续发送中	
		短信邀请				1月28日发送信息，1月30日上午再次发送	

设计类及邀请函清单（流程类）

正版桥 IP 沙龙活动物料清单

序号	项目	名称	数量	单位	描述	使用地点	负责人	备注
1	会场布置	演讲台	1	个	现有	会议区		
2		现场桌椅摆放	6	套	每套为 2 个桌子（白色长形），8 把椅子	会议区台下		摆放划分为：投资、影视视频、音乐二次元。每桌上摆水牌。其中投资和影视的桌子靠得近一些
3		会议所需易拉宝	4	个	我方设计、制作	会议区		已设计完成，制作
4		背景板	1	个	我方设计、制作	会议区		已设计完成，制作
5		会议宣传海报	1	张	1920×1080，16：9	楼下门厅屏幕播放		已设计完成，制作
6	会场签到	签到桌	1	个	0.8m×1.8m	签到处		
7		签到桌签	1	个	亚克力、签到处摆放	签到处		
8		签到笔	3	个	中性碳素笔	签到处		
9		签到表	5	个	嘉宾签到表，签到表各一份	签到处		流程表需要 5 份
10		签到椅	2	个	绿色折叠	签到处		
11		名片筐	1	个	花园现有	签到处		
12		嘉宾手册	60	份	"议程介绍 +IP 介绍套壳 + 内页形式我方设计、制作"	签到处		已设计完成，交给然然制作，待寄送到花园
13	活动现场	嘉宾水牌	3	个	透明亚克力嘉宾水牌摆放	会议区		摆放划分为：投资、影视视频、音乐二次元。每桌上摆水牌。其中投资和影视的桌子靠得近一些

序号	项目	名称	数量	单位	描述	使用地点	负责人	备注
14	电子文件	暖场音乐	3	个	腾讯方提供，开场前暖场播放	音响操作区		为腾讯动漫宣传片，已经提供
15		各IP宣传片	6	份	腾讯方提供，场内各个屏幕播放，MP4格式	音响操作区		腾讯方确认
16		演讲PPT	2	份	腾讯方提供	音响操作区		总监罗浩+IP负责人志薇各1份
17		我方领导致辞	1	份	腾讯方提供	音响操作区		暂定小龙开场致词
18	AV	笔记本电脑	2	个	操作台播放PPT、音效使用	音响操作区		
19		投影仪、幕布	1	套	暖场主视觉及PPT播放	会议区		
20		麦克风	4	个	一个鹅颈、四个无线	会议区		
21		麦标	3	套	每个无线麦克配置			
22		主频音箱						
23		翻页笔	1	个	活动现场，嘉宾使用	会议区		
24		均衡器						
25	茶歇				2000的自助餐套餐，见下表。			满足现场60人所需（腾讯主题咖啡+两款甜点任选一款。39元套餐，60位。1个2000的自助餐套餐。）

现场物料清单（模版类）

正版桥 IP 沙龙活动人员分工表

组别	负责人	协助人	工作内容	工作地点	工作时间	备注
总负责人			总控	花园	全程	
项目负责人			会场布置；会议流程顺利进行	花园	全程	
现场服务负责			对接餐饮供应、协调安排现场服务；自助茶水区物料提供	咖啡区	全程	2点左右，先上一小部分；开场后，逐步上齐，三点左右开始茶歇。
腾讯动漫对接			对接合作方	花园	全程	
硬件设备支持			负责会场投影、无线麦、鹅颈麦话筒的正常使用；负责会议进行中现场音乐、PPT内容正常播放及电视屏幕与投影同步	会议区	全程	
签到服务			负责摆放楼下会议宣传海报；布置签到处桌椅、其余物料对方提供；协助观众签到；花园游戏攻略发放；活动实行报名签到入场、无关人等禁止入场。同事负责引领及重要嘉宾接待。	电梯间	14:00 ~ 14:30	
嘉宾接待			负责核对嘉宾名单	花园	14:00 ~ 14:30	协助人：引领进场，安排就坐次序
				花园	14:00 ~ 14:30	协助人：引领进场，安排就坐次序
演讲人、主持人催场			提前安排嘉宾入座、协调沟通发言事宜	花园	全程	
现场拍照			协调摄像人员提前到场、活动全程演讲嘉宾照相	花园	全程	以半小时为单位，搜集不同人员和场景的图片
媒体宣传			活动亮点记录、后期宣传	花园	全程	
后期宣传素材对接			包括照片、新闻稿件	花园	全程	
现场秩序维护			现场秩序维护，按参会者多少增减座椅，造成现场火爆气氛	花园	全程	
备注：			现场桌椅摆放、划分为：投资、影视视频类、音乐二次元。每桌上摆水牌。这次没有公仔送，送来壶咖啡 + 宣传册。需要我们门做前期引导就坐。其中投资和影视的桌子靠得近一些。			

现场人员分工表（流程表）

　　正版桥 IP 清单（模板类）及影视和投资机构合作伙伴清单（模板类）这两项任
务清单可能会涉及客户隐私，因此暂不分享。

正版桥 IP 沙龙注意事项		
项目	内容	负责人
项目负责人	负责会议现场所有事物协调、管理、应急事务处理等，确保会议顺利进行	
各工作负责人到岗检查	检查岗位工作负责人是否在自己的岗位上，并将各个负责人所需资料检查一下（音响师、摄影、摄像、嘉宾引领催场、盯场、签到、现场控制人员等）	
现场音乐	提前准备好音乐播放清单，按照流程，将现场背景音乐、主持人上场音乐、嘉宾上场音乐及暖场音乐分别准备妥当，交由音响师并执行	
嘉宾 PPT 播放	按照流程，在主持人宣布演讲嘉宾上台时，现场将上场嘉宾的 PPT 展示出来，如嘉宾需要在演讲中插播视屏，要提前沟通好，待嘉宾给一个提示后进行视频播放。如流程有变化，及时作出相应的嘉宾 PPT 播放顺序调整	
摄影	现场监督摄影师工作，在会议进行时，确保每位嘉宾都可以有较好的正面照片	
嘉宾催场、盯场	现场嘉宾演讲、圆桌论坛分别接待，确保每位嘉宾都能及时参加各个环节，避免嘉宾不在场问题	
信息发布	记者在会议现场和速记在一起，及时沟通，当演讲嘉宾演讲结束时，及时将速记内容拿到手，同事也要及时和摄影索取嘉宾现场照片，拿到速记、照片后传给信息负责人	
签到人员控制	严格执行报名签到进场，签到表格现场签到及索取名片，未报名参会人员要确保认识主办方人员，并沟通后方可凭名片入场	
引领及接待	重要嘉宾及演讲嘉宾的接待，务必做到准确、优质的接待，直接引领至贵宾室休息，待会议开始前及时通知，安排至会场嘉宾席就座	
会议秩序控制	严格控制参会人员在会议进行中交换名片及交流，一旦发现及时劝阻，建议大家会后交流交换名片。确保会议进行中没有喧哗，以保障活动顺利进行	
现场茶歇准备	确保饮品及点心的准备及添加，及时观察并保持茶歇摆放区域的卫生清洁	
布场及换场控制	根据会议流程及时准备相应物料进场、快速布置及撤换，注意现场秩序	

具体注意事项清单（流程类）

建立任务清单的好处

1. 清晰每项工作流程，保证团队高效合作

一项工作任务如果需要一个团队的成员共同努力才能完成，那么不但要求每个人都要尽量专业和职业，还需要考虑到团队中的每个成员如何协作，如何无缝对接。任务清单清晰地列明了一项具体工作中每项任务的流程、步骤、负责人、协助人，让团队成员一目了然，不会造成大家相互之间的摩擦和纷争。

2. 方便梳理每个人的工作任务，高效减压

当工作任务较多且琐碎，或者任务量特别大的情况下，我们很容易忽略和忘记一些细节，如果总是靠大脑来记忆工作流程和细节，难免会出现错误。而任务清单帮助我们建立规则，记录关键性的步骤，分担工作的压力，舒缓任务的节奏，让我们清楚地掌控工作目标和结果。

一项完整而详尽的任务清单，也保证了因每个人能力和水平的不同，专业技能不同，性格和个性不同而导致的工作结果过大的差异化，为每个人的工作趋向于完美和极致建立了标准和规则。

3. 团队工作标准信息对称，方便培养团队

很多企业带新人的模式都是老人带新人，除了老人可以分享自己的工作经验之外，还有一个原因是老同事对企业文化、工作背景信息了解得更多，如遇到一件工作应该去找谁，老员工有经验，分分钟就搞定，但是新员工必须要请教老同事，才能进入角色。这种信息不对称会导致新员工工作进展缓慢。

而一份一目了然的任务清单可以保证信息最大限度地对称，很容易让新员工乃至其他部门的同事迅速了解并熟悉一项新工作的各个环节，在不同的环节需要向谁或者请求什么样的资源和协助，从而保证了工作任务高效完成。

使用清单时不可忽视的问题

1. 细致到人的分工很容易让部分同事对自己负责的事情非常认真，而对于别人负责的事情不闻不问，缺少了互动的协作。

2. 完全按照清单执行的工作，很有可能产生执行任务时的僵化和不灵活，只会按照死规矩办事，不能灵活处理复杂局面。

3. 任务清单解决可复制的工作或者以任务为中心的工作比较有效，可能无法解决比较复杂的问题和局面。

为了避免使用任务清单导致的组织僵化、死板、不协作，在使用任务清单工具时可以和蜂窝群组式沟通相结合。蜂窝群组式沟通保证了团队的灵活性、适应性，可以在遇到复杂问题时根据现实情况灵活调整，快速解决问题。两者相配合的工作模式让我们把每个独立的任务有机地衔接起来，团队协作，一起解决面临的突发问题。

要让团队之间的协同工作高效完成，除了任务清单之外，我们还需要一些协同工具来帮助我们完成云办公协作。

第四章

云协作工具，互联网开源的红利

04

善选云协作工具：轻监控，重人性

在互联网上能找到很多企业内部任务管理的软件，包括可以监控、封堵和屏蔽 QQ，还可以监控电脑的屏幕，电脑里的文件，定时截取照片，控制 USB 存储，控制应用程序的运行等。这样的内部管理系统伤害的是人性，也让团队之间的信任荡然无存。人心的付出都是相互的，如果企业内部的系统管理是单边的管控，一定会丧失团队的人心。云办公选用的协同软件不是一套为了方便领导管理员工的办公系统，也不是死板和僵硬的管理系统。

这种软件要方便团队成员，不给大家增加不必要的工作量和负担，要好用、方便、习惯、顺心。要让大家发自内心地愿意用这套系统，只有这样，才能让团队成员的能量和创造力最大程度地释放。

如果团队成员已经习惯了上班时间使用 QQ，那么在不改变大家习惯的基础上可以优先使用 QQ 群组。QQ 的群共享文件、在线沟通、文件工具、电脑和手机文件互传等功能，都可以方便地帮我们解决云协同软件的几个功能。2014 年 11 月网易推出有道云协作，是一款专为云端团队协作打造的产品，功能覆盖了团队云办公中的方方面面，目前已有 33.6 万个团队进驻。如果团队成员在团队协作中有频繁的文档共享、协同编辑、团队任务管理和即时沟通需求，那么完全可以尝试有道云协作。

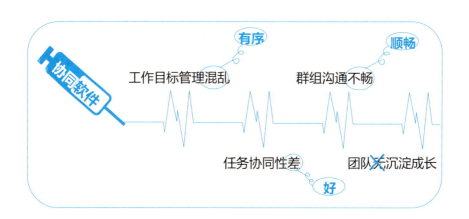

还有的企业担心安全性问题，希望使用架构在自有服务器上的软件系统，CRM 系统、人事、财务系统确实应该这么做。不过选用云协同办公的软件系统，最关键的作用是提升工作效率，提高团队的执行力，方便大家的沟通，提升工作的质量，方便地对接外界资源，让你的团队比其他同行更有效率。保密性并不是企业成长的最关键条件，以上这几条才是。

当我们理解了云管理的理念，我们便可以不拘泥形式，无论是 QQ 群，微信群，还是其他看上去一点都不高大上的软件，我们可以灵活运用每一种软件和每一套工具。这就像是武林高手过招一样，真正的高手不在乎于兵器，而在乎于剑法，不管是用剑还是树枝，都可以打败对手。找到事物的客观规律，就不必拘泥于某一种器物，某一种工具。

构建云管理和云服务系统：积累数据，实现共享

即使是小微企业，人事、行政和财务管理的问题也非常重要，企业客户数据、供应商数据、合作伙伴数据、销售数据、财务管理等重要数据的管理对企业的成长和积累也很关键。如销售员工变动，走掉的不仅是一个人，而是一批资源。但 CRM 客户管理系统可以让企业的客户资源不断积累下来，不会因为人员的流失而流失。

上方 CFO 枫叶从 2007 年开始打造基于云端的管理和服务系统，通过在线 Excel 系统，搭建了云办公的人事、财务、客户资源管理平台，汇集和处理数据，解决云办公中不同地域员工处理日常事务的工作需要，实现信息共享、透明、真实、简单、实用、零内耗，最终形成企业平台的数据云。

基于云端的企业管理和服务系统可以满足不同地域、不同城市的员工需求，大家在云平台上可以实现 HR 管理、CRM 管理、财务管理、销售管理；还可以汇总统计所记录的原始数据，从而对公司业务作进一步的分析处理以及财务预算等工作。所有的记录都放到网上，随时随地填报、处理、查询，方便快捷，减少了很多的人为环节和内部消耗，节约了时间和人力成本。云办公平台还可以与电子银行有机地

结合在一起，实现了公司业务网络处理的一条龙服务模式。

早期的在线 Excel 系统，其实就是规范化了的任务清单，通过制定一系列的表格模板、功能定义、权限设定及相关工作流的规定，把公司日常的业务管理表格化、数据化和系统化。这样，每天的销售情况可以随时查询、业务支出和费用情况一目了然，客户资源通过业务销售不断得以汇总和积累。通过这个平台的数据填报和积累，把公司的资源和相关数据有机地结合在一起，使其能得到有效的利用。

新客户信息登记表

登记编号		客户简称		客户业务类别		合算项目 / 业务部门		客户代码
本次意向业务		业务经办人		客户类别		客户所在地		电话
客户名称				联系人		职务		手机
通信地址				邮编		所在部门		QQ
本次联络记录		客户需求及业务重点						
约定下次联系时间		预计业务合同		为客户报价		优惠后合同额		E-mail
本次联系日期		登记部门		填报人		所在公司		合同签署情况

OA 系统中的 CRM 客户管理系统清单之一

对于蜂窝群组中生成的重要且规范的任务清单，云端系统可以根据其重要程度决定是否需要在企业的 OA 系统里上传 Excel 模板和 Excel 工作报表，成为企业 OA、CRM 系统的一部分。

上方云办公系统从 2007 年开始建立，当时几乎没有 OA 系统可以支撑云办公。浦发银行也刚刚开通电子银行系统，有很多功能过于超前，几乎只有我们才会用到。因此，当时我们建立云端系统时也顺便帮银行的系统找漏洞，以完善他们的服务。

随着公司的成长和业务发展的需要，满足企业挂牌的各项要求，目前我们采用了非常专业的管理和商业软件，如用友财务软件。各家企业也可以通过互联网的开源方式，考虑购买现成的企业 HR 管理系统、财务管理系统、CRM 系统等。

目前国内可供使用的多终端云协作软件

2014 年，很多企业都推出了方便好用的云协作软件，主要解决的是工作目标管理、任务协同、群组沟通管理和团队沉淀成长这四个问题。这些软件系统是否存在前文中存在的问题，还需要大家在选择软件时多加甄别，还有些多终端的 App 和 PC 软件是付费的，大家可以根据公司的实际情况做选择。

有道云协作

"有道云协作"是网易推出的一款团队协同办公工具，目前已经全面覆盖 PC、MAC、Web、iPhone 以及 Android 等平台。其主要功能包括团队资料共享、文档协同编辑、版本对照、文档评论、即时通信 IM 等。

在有道云协作帮助下，团队可以快速建立工作资料库（Wiki），同时，"云端存储"以及有道云协作自带的"搜索"功能让这些宝贵的工作资料变得触手可及。有道云协作的另一特色功能是"文档协同编辑"，这一功能允许多人同时编辑同一份文档，并提供版本对照管理。更方便的是，用户无需安装 Office 即可轻松完成文档查看和编辑操作，这让基于文档的协同云办公变得更加高效和便捷。除此之外，"文档评论"以及群聊、私信功能也能满足团队日常云办公中的即时沟通需求。所以，有道云协作可以看作是 Office、云存储、云共享、IM、微信等多种工具的集大成者。

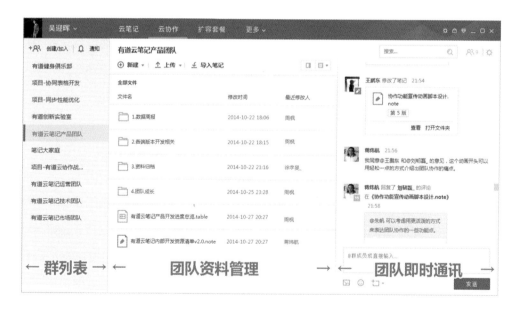

印象笔记

印象笔记推出的项目协作功能，可以方便地帮助团队高效管理项目，帮助团队成员明确最重要的任务，安排任务优先级，创建待办清单，共享项目时间表，确保完成所有事情，保证项目关键环节顺利执行。还可以实时了解每个人的最新进展，明确团队每位成员的职责并跟踪进展。

印象笔记还可以保存团队和个人项目需要的所有文件、图片和笔记，使用企业笔记本，与其他团队成员共享一切。另外，还可以通过搜索和笔记功能快速找到其他人的工作成果，充分利用团队资源。

Worktile

Worktile 是一个团队协同办公工具，通过简单的协作、沟通和分享，实现团队交互与任务管理的轻松协作。工作随身带，多平台、云数据，随时随地与团队一起工作，项目、任务、文件、讨论、文档、事件、活动流、通知和日历，一个都不能少。

提高效率灵活的任务和日程，让团队成员的效率迅速提升；简单好用的在线讨论、关注和评论，与团队成员之间无缝沟通；资源共享完善的文件共享，让你的团队达到真正意义上的协同；帮助记录强大的在线文档编辑，帮助团队记录，积累沉淀形成团队知识库。

明道

明道协作平台核心解决的是企业内部沟通、知识分享和协作的问题。通过用户、动态更新、关注关系、群组等驱动企业全员围绕日常工作交换信息和分享知识，实现简短信息、文档、图片、链接地址和问答等形式的共享，也能够通过任务中心实现群组协作。明道协作平台力求能够连接每一个员工，最大程度地消除企业内的信息孤岛。另外，明道的集中存储也可以帮助企业将日常沟通信息轻松地保留下来，让企业知识库真正地通过日常工作渐进积累。

OmniFocus

OmniFocus 是一款国外开发的付费的 App 软件，可以用它来储存、管理及处理各项任务或者工作，同时该软件也提供了视觉提示来提醒下一步该执行的任务步骤。

OmniFocus 可输入 kGTD 文件的资料、与 iCal 同步、透过 Mail 加入任务、使用 Spotlight 来存取各项任务、过滤专案与任务、支援档案附件等。开发人员在产品网页也提供了产品概观与示范影片，供使用者参考。

Trello 团队协作平台

Trello 是一个美国团队开发的团队协作平台。Trello 上的工作都围绕"任务板（board）"进行，同一小组的用户可以在这里创建待办事项列表（to do list）、创建任务，并分配给同事。当同事完成工作后可以把任务状态标记为完成，类似于 producteev。你可以为每个项目创建一张卡片，里面包括活动、附件、更新、沟通内容等信息。你可以把同事拖拽到这些卡片中，然后把卡片拖到列表里。Trello 适用于各种流程，既可以当做公司的协作工具，也可以当做个人的列表管理工具。

Tower 团队协作工具

Tower 是一款团队协作工具，可以让团队在 Tower.im 里进行在线讨论、任务指派管理、文件共享、日程安排、查看在线文档，适合于微小型创业团队或者个人项目。可以使用该工具创建项目，并基于项目发起讨论，创建并管理任务，上传并共享相应文件。

禅道大型项目管理软件系统

企业大的项目开发可以使用禅道。禅道项目管理软件的主要管理思想基于国际流行的敏捷项目管理方式——Scrum，是一款有保障的项目管理软件。禅道集产品管理、项目管理、质量管理、文档管理、组织管理和事务管理于一体，是一款功能完备的项目管理软件，完美地覆盖了项目管理的核心流程。

Scrum 规定了核心的管理框架，具体的细节还需要团队自行扩充。禅道在遵循其管理方式的基础上，又融入了国内研发现状的很多需求，如 Bug 管理、测试用例管理、发布管理、文档管理等。因此，禅道不仅是一款 Scrum 敏捷项目管理工具，更是一款完备的项目管理软件。

Teambition 项目协作平台

Teambition 是一个高效而稳定的项目协作平台，基于云服务的协作化项目管理平台，用户可以通过【任务板】【分享墙】【文件库】等功能来实现项目知识的分享、沟通，项目任务的安排与进度监督，以及相关项目的文档存储和分享。

ToDolist 计划任务系统

ToDoList 是一款任务管理软件，用户可以用它方便地组织和安排计划。ToDoList 帮你把要做的事情列出来，类似于思维导图。它可以帮助每个人整理出任务的每个部分，理顺后按部就班地完成，以提高工作效率。

Mantis 缺陷管理平台

小型项目管理可以使用 Mantis。Mantis 是一个基于 PHP 技术的轻量级开源缺陷跟踪系统，以 Web 操作的形式提供项目管理及缺陷跟踪服务，在功能上、实用性上足以满足中小型项目的管理及跟踪。

云管理联盟

路易分享他们设计工作经验：我们用 QQ 进行沟通，QQ 其实比微信好很多，手机 /PC 的聊天记录都有同步，也可以多人语音通话；我们用 Coding.net 做代码管理，感觉是国内比较不错的；用 Asana 做任务管理，因为它做得很专业也很好用，完成了的工作也可以再检查；用网盘存放设计文件，设计师按目录放好，工程师去下载取用。

卜晓敏分享其技术开发经验：我们以前用禅道，但是大家都不愿意上去更新，禅道更像是日报或者周报模式，大家感觉就是简单的工作汇总；后来是内部 SVN，但只是开发资源的上传，没办法在小组成员之间反馈和检查，也会造成上传资源的彼此覆盖；我们现在采用 Teambition 这个工具，可以把每个人的任务细化，可以跟进未来预计完成的时间点，感觉很不错。

尽管我们已经有了任务清单和云端的管理服务系统，但是因为每个人的性格不同，因此我们还是无法保证每个团队成员在任务执行中能够做到极致和完美。因此，我们需要了解不同类型人才的性格，然后根据每项任务的性质，来匹配最适合执行这项任务的人才。

性格管理，
洞悉每位成员的独特价值

05

人和团队是企业发展的基础，如果一个团队中的成员不能相互了解，领导者不知道谁适合担当什么样的角色，在工作中可能出现的问题以及培养重点和方向是什么，那么企业很难发展壮大。

很多企业的 HR 部门在面试新人时，会做一些性格测试，并给出基本的结论决定是否录用。一般情况下，只有 HR 部门通过专业测试来了解一个人的性格和特质，而其他领导或者同事则很少具备相关领域的专业知识。

我们使用"四方性格"这套性格体系（www.sifangxingge.com）来了解我们的团队，并实现远程面试，招聘新员工，实现远程团队的组建。四方性格体系始于张秋水的分享，经过十多年的研究、积累和总结，形成了一套适合企业管理、团队管理的简单、易用的性格体系，它用动物来命名标记，形象且容易记忆。四方性格最大的特点是用最简单的方式，无需做测试题，就可以让团队里的每个人都能了解自己、了解别人。

把人的性格简单分为四种自古就有。公元前 190 年，古希腊就有了把人的性格分为"水、气、火、土"的记载。美国生理心理学家马斯顿在 20 世纪进行了大量的情绪行为模型分析。迄今为止，已有十几种基于四分法的心理测试模型，如人的四种气质"胆汁质、多血质、黏液质和抑郁质"，性格色彩学的"红色、黄色、蓝色和绿色"等不同性格体系。

从 2011 年到 2014 年，我陆续收到一些移动互联网和移动游戏企业的邀请，开始在一些企业的中高层给大家做分享，包括上方女人邦、腾讯开放平台、蓝港在线、春雨医生、掌上明珠、DeNA、豪腾嘉科、百分之百手机、机锋网、呈天游、lfree 中国、艺动娱乐、云狐游戏、光辉互动、游艺春秋、娱玩、仙掌软件、海银资本、上道创业团队等，至今已经做过 50 多场次，为 2000 多位企业高管做过四方性格的分析。

四方性格系统，云端团队的管理基础

我们一般会通过一些表象来判断和识别他人，其中有两个行为特征比较容易识别和量化。

一个行为特征是，判断对方是快节奏还是慢节奏的。快节奏的人表现出来的特征包括说话快、反应快、容易着急，而慢节奏的人表现出来的是不疾不徐、随和缓慢、不着急。这种表象多半是无意识且没有经过刻意调整的行为，比较真实地呈现了一个人的状态。这样我们就有了一个纵轴，上面代表快，下面代表慢。

另一个行为特征是，优先关注自己的世界还是优先关注别人的世界。优先关注自己世界的，一般都会优先关注到自己所从事的事，稍后才会关心别人，我们称之为关注事，也就是以目标为导向；而优先关注别人世界的，一般都会优先关注别人，其次才会关注到事，我们称之为关注人，或者说以人际为导向。这样我们有了一个横轴，左侧代表关注事，右侧代表关注人。如下图所示。

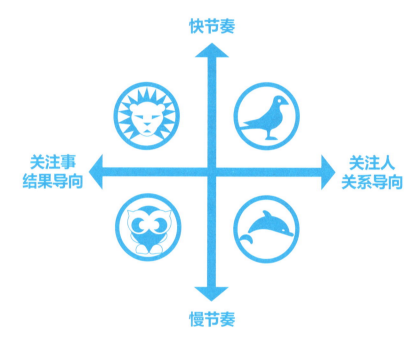

我们首先来看左上角，节奏快的、关注事情的，这个象限的人有一些共同特质：关注结果，执行力很好，做事情很快，判断事情果断，勇敢自信，能够并行处理很多事情和工作，心情容易受环境影响而变化，外界发生的事情很容易影响到他的心情。我们将这个象限的性格形象地比喻为狮子。这个类型的人如果用电脑来做比喻的话，也可以说成是 CPU 很快，但是内存很小，所以处理速度很快，但是很容易发热崩溃。

右上角，节奏快、关注人的，这个象限的人共同的特质是关注人群，喜欢和人打交道，乐观热忱，喜欢新鲜的事物，喜欢享受过程和体验，而非关注结果，经常为了照顾人的感受而忽略了事情本身，这个象限的性格我们称之为百灵。这个象限的人 CPU 很快，同时内存很大，所以处理事情速度很快，而且不容易发热崩溃。

右下角，节奏慢、关注人的，这个象限的性格共同特质是随和包容，有很大的容忍度，很少对别人发脾气，也不太会给别人造成压力。有的为了避免别人发脾气会采用不主动的策略。这种类型的性格我们称之为海豚型。这个象限的人 CPU 很慢，内存很大，所以处理事情速度不快，但是不容易发热，持久力很好。

左下角，节奏慢、关注事的，这个象限的性格特质是完美谨慎，做事一板一眼，相对于狮子型的事情要尽快做完，这个类型的人是事情一定要做到尽善尽美，理性内敛，很少喜形于色，多半温文尔雅，彬彬有礼，他们一般认为发火是不成熟的表现，他们的穿着都很有品位，有独特的审美，不追随大众。这个类型的性格我们称之为猫头鹰型。这个象限的人 CPU 很慢，内存也不大，所以处理速度不快，容错性较差。

我们来看一下这四个象限的性格有哪些基本特质。

狮子基本特质

1. 行动果断、勇敢向前

2. 强烈的自信心，有自己的想法

3. 凡事要求结果，执行力很好

4. 没有耐心，喜欢创新、突破及改变

5. 自尊心强、企图心强、有野心、不愿墨守成规

6. 善于让别人依他们的方法做事

7. 很重视自己的权威，有领导能力

8. 希望掌控周围的环境和事情

9. 主观性较强，不太容易接受别人的意见

10. 非常直率和坦白

狮子的性格特点　做

行动果断	勇敢向前
主动自信	直率坦白
喜欢支配	追求控制
关注结果	执行力强
追求效率	雷厉风行
没有耐心	着急上火
缺少克制	攻击他人
说一不二	自尊心强
敢于冒险	一马当先

百灵基本特质

1. 人际导向型，天性乐观，是乐观主义者

2. 口才很好，在陌生的场合中很活跃、很自在

3. 渴望接纳与支持，期待得到大家的认同，非常外向

4. 喜欢新鲜的东西，思维跳跃，不受拘束

5. 友善的工作环境可激发其创意

6. 很喜欢和别人分享

7. 周围的环境容易杂乱无章

8. 容易情绪化，喜形于色

9. 喜爱行动自由与物质享受

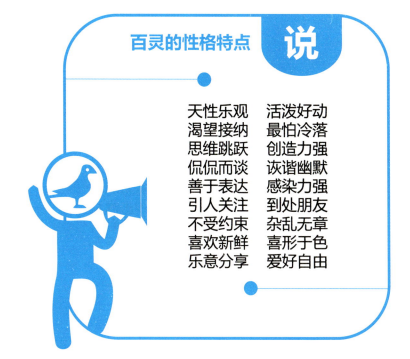

百灵的性格特点 说

天性乐观　活泼好动
渴望接纳　最怕冷落
思维跳跃　创造力强
侃侃而谈　诙谐幽默
善于表达　感染力强
引人关注　到处朋友
不受约束　杂乱无章
喜欢新鲜　喜形于色
乐意分享　爱好自由

海豚基本特质

1. 随和，有耐心，情绪好，情商高

2. 按部就班的逻辑思考者，为一个领袖或目标奋斗

3. 偏爱熟悉、稳定且可预测的环境，希望不要改变

4. 热爱长期的工作关系、稳定的工作环境

5. 是一个能设身处地且富同情心的聆听者

6. 真正关心他人的感觉和问题

7. 喜欢稳定的人际关系，能长时间保持友情

8. 为人处事委婉，不会要求，不擅表达

9. 渴望得到更多的保障

海豚的性格特点 看

情商一流	对人和善
爱好和平	善于倾听
不露情绪	稳定随和
不会要求	不擅表达
重视情谊	关注感受
委屈自己	不喜冲突
委婉自然	圆润包容
偏爱稳定	维持现状
渴望保障	持久永恒

猫头鹰基本特质

1. 保持高标准，有完美主义倾向

2. 尽忠职守，谨慎，遵守各种规定

3. 不喜欢被批评

4. 天生精准且井然有序，强调程序的重要性

5. 凡事讲求细节且维持高标准

6. 有时对自己的想法较固执

7. 比较理性、内敛、谨慎、自制力强

8. 情绪克制，很少喜形于色

9. 对人际不太热衷，喜欢独处和安静的环境

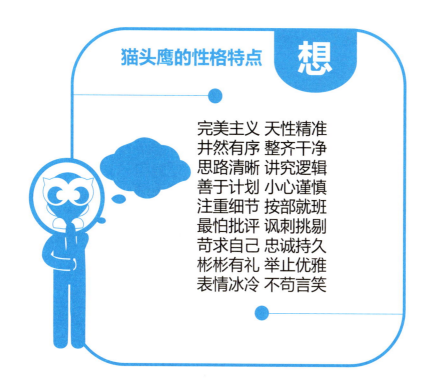

古今相通及人物分析

我们来看一下，中国古代四大名著中这四种鲜明的人物性格。

在《西游记》中，孙悟空是狮子型的性格，他爱憎分明、嫉恶如仇，眼睛里容不下沙子，遇到所有的妖怪都要打死；而猪八戒是百灵型的性格，猪八戒不太关注是否能取到经，他更关心的是路上有没有好玩的，能不能化到斋，取经遇到困难，很容易考虑打道回高老庄；沙和尚是海豚型的性格，在师徒四人当中，沙和尚任劳任怨，随和包容，取经途中大部分都是他在挑担子，大家吵架了他当和事佬，不过很少能独立担当，沙和尚经常说的就是"大师兄，师傅被妖怪抓走了""二师兄，师傅被妖怪抓走了"。而唐僧则是猫头鹰型的人物，他目标明确，谦虚谨慎，一丝不苟地一心要完成取经任务，不在乎要花几年时间，只在乎是否能取回真经。

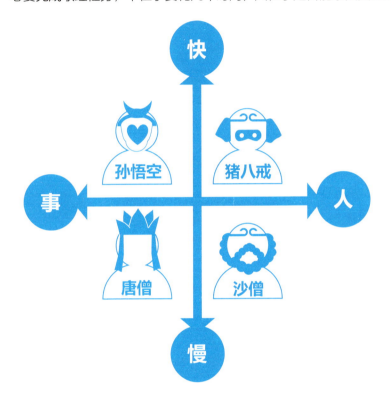

而在另一部名著《红楼梦》中，我们来看四个典型人物，首先是被称为"凤辣子"的王熙凤，她在贾府中深得贾母信任，操持一家子的事情井井有序，有领导风范和威仪，会软硬兼施以达到自己的目标。而在《红楼梦》中史湘云则是活泼、热情开朗的百灵型人物，也是很多人都比较喜欢和心仪的人。

薛宝钗则是典型的海豚型性格，海豚是所有性格中最适合做贤妻良母的一种性格，她行为得体、礼仪周到，知道在什么场合讲什么样的话能得贾母和长辈们欢心，不够真实，但是非常合时宜，这也是长辈们最后选宝钗做宝二奶奶的原因。最后就是林黛玉，她忠于自己的内心，不食人间烟火，不妥协于世俗和社会，多愁善感，不断向内观照自己的内心，在风平浪静处总能想象出诸多多愁善感来。

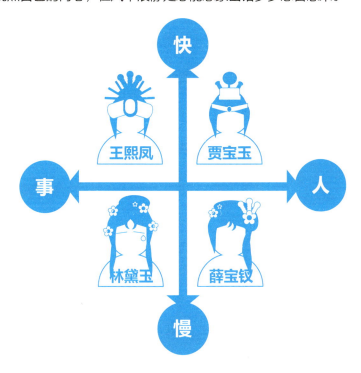

我们再来看几个典型历史人物，如在三国时期的蜀国，张飞永远都是做了再说，直来直去，目的明确，脾气暴躁，很容易受别人刺激而发怒，适合在队伍中做先锋军，最后被人砍了脑袋。

而关羽则是百灵型的人物，重义气，重交情，在华容道明知杀曹操事关大局，但仍然放走曹操，把个人情感放在国家大事之前。

刘备则是包容性极好的海豚，性情温和，与人为善，会用人、会给别人搭平台，这是典型的"无为而治"的君王风范。

而诸葛亮则是思维缜密、极具智慧，凡事都未雨绸缪，认真思量，他还兢兢业业地制定了一系列法规法典，务求把蜀国打造为完美的国家。

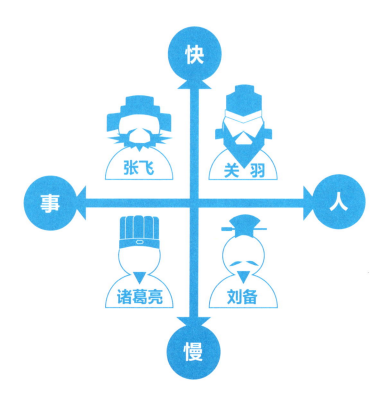

辨识四种性格的员工

在工作中，我们如何辨识这四种性格呢？速度快慢很容易判别，要看对方外在的表现，如说话速度快，容易着急。反应灵敏思维活跃，并不一定都是速度快的人，还要看外在的表现速度。

如何判断这个人是关注事还是关注人呢？一般情况下，可以通过对方说话的内容来判断。

左侧的狮子和猫头鹰性格，一般情况下，这两种性格的人优先关注自己的世界，所以他们非常关注自己的内心，比较忠于自己的内心感受，和别人交往中，同理心比右侧的百灵和海豚差，所以很多时候说话做事，不太会逢迎别人，说出来的话显得很不合时宜。我们经常会用"刀子嘴，豆腐心"来评价狮子型性格的人，他们可能非常善良，但是由于不知道如何更好地表达，因此说的话让人不愉悦，也许还会伤到别人，其实完全是无心的行为。

离四方性格的中心点越远的狮子和猫头鹰，越难因为关注别人的感受而去说违心的话。大部分情况下，你很难让一个猫头鹰去违背自己的内心去逢迎别人，除非他们真的认为是这样的，否则他们自己心里会很纠结。当然如果一个人被这个粗糙的社会磨砺过，形成了复杂的多面人格，则不在此讨论之列。

马云说，情商很高的人一定吃过苦。情商高的人多半是因为随着年纪的增长以及社会的磨砺，被教育的结果，或者意识形态发生变化之后，很多狮子型或者猫头鹰型的人会进行行为的调整和改变，变得非常成熟，他们学会在每个场合说合时宜且得体的话。有的时候，表面行为的调整并不意味着我们开始真正关注别人的内心情感需求，只是代表他们很关注别人的评价，他们是为别人的评价而生，而非真正地关注个体。除非当他们开始有意识地觉醒，真正关注身边人的情绪变化，用心去关爱他人，这样的行为才会变得真实、亲切，而不是世故和刻意。

而百灵和海豚型的人同理心很好，很容易感知到对方的情绪变化，他们容易知道在什么样的情况下说什么最合时宜。如寒暄天气、说说孩子、家人、聊聊宠物。百灵和海豚说的话相对比较舒服和柔和，很少带有攻击性，会很有节奏和次序，但有时百灵的话会因为没有实质性内容，而让猫头鹰感觉废话太多。

四种性格员工在工作中的需求

狮子在工作中的需要

1. 喜欢接受挑战，展现自己

狮子需要有挑战，他无法接受平庸的、死板的人生，而挑战的目的多半是为了展现自己的魅力或者能量，狮子的人生是奋斗的一生，是要有出息和有成就的一生。

如做一件事情或者一件工作，如果狮子有把握把这件事做好，或者认为这个事情做完了会让自己得到别人正向的评价，那他就会努力去做；如果狮子认为这个事情做不成，或者做起来意义不大，他就会放弃，不会把时间浪费在这里。

2. 喜欢有挑战性的事情

狮子喜欢有挑战性的事情。如狮子型的人在一家公司打工，如果公司走上坡路，能看到狮子活跃的身影。如果公司走下坡路，那么狮子型的人很有可能会辞职，他们没有兴趣和心态陪伴一家公司经历低谷，他们更倾向于去寻找一个处于上升期的公司大展拳脚。

3. 喜欢选择直接答案

狮子还喜欢直接、简单、快速的答案，给狮子汇报工作，他希望得到的答案是关键和重点，结束或者没有结束。如果跟他说一大堆理由，而且谈论的内容是他不感兴趣的，他如果处于有意识，情绪好的时候可能会忍耐一下，如果处于无意识，情绪不好的时候就会直接打断对方，让对方说重点。另外由于狮子节奏很快，他无法忍受别人的拖沓，他希望有快速的回应，而不是时间过去了完全没动静。

4. 希望有结果

狮子希望做任何事情都有结果，结果是他们人生的意义所在，他们希望自己的人生是一个个结果的积累，愿意为了一个目标去奋斗，一旦结束他们就希望再去挑战更大的目标，得到更大的结果。

很多狮子甚至不在意生命的长度，他们在意生命中达到的辉煌，如果能让他们轰轰烈烈，即使少活几十年也没有关系；所以很多狮子都不太关注养生和健康，也做不到为了身体健康而调整自己的行为模式，他们知道，但是做不到。除非经历一些人生中的大事，如生一场大病，才会让狮子真正意识到身体的重要。

同时在创业中，如果公司长期走下坡路或者在低谷中徘徊，狮子型的老板比其他性格的人更倾向于坚定地结束掉这件事，然后重新开始新的里程。而狮子型的同事则有可能早早辞职，不能和企业共存亡。

5. 享受成功和成就感

大部分狮子喜欢享受成功和成就感，成就感和成功是狮子人生中最大的理想，他们希望能够掌控自己的人生。

通往成功的路有很多种，有些狮子的行为模式比较功利、世俗和会钻营，为了自己的野心不择手段；而有的狮子并不功利和世俗，他们超凡脱俗，这和每个人接受的教育、家庭环境、童年成长以及人生境遇都有关。

百灵在工作中的需要

1. 有情趣、有意思的活动

百灵希望自由地享受有意思、有情趣的活动。百灵的人生可以没有成就，但一定不能没有快乐，他们的人生充满了乐趣，会有各种玩法，爱好各种活动，精通一项或者两项娱乐活动。

我见过很多成功的百灵，他们符合很多人对成功的定义和标准，看上去好像很适应社会努力在做事。但实际上他们一辈子最大的乐趣就是各种体验，创业是全身心投入热情去玩的一件事，玩儿才是人生中最大的乐趣。如果做事没有乐趣，就连公司上市他们都有可能放弃。

因此给百灵的工作需要有意思，有变化，最好能好玩，不能安排重复性的、死板的工作，这样会逼死百灵的。

2. 得到社会的认同

百灵还需要社会认同、团队成员认同、身边人认同。他们关注别人的感受，关注身边人的感受，如果对方不高兴，他总会感受到，而且希望能做些什么让对方快乐。不管在他身边的人是交往十几年的老友，还是刚刚认识的新朋友，他都一如既往地关注和付出热情，因此在很多时候，百灵这种"内人外人不分"会导致家人或者好友的愤怒，觉得他对谁都热情是一种不公平。

因此如果要批评百灵的话，最好先要给足百灵面子，而且尽量私下批评，不能当众批评。

3. 需要人生的自由

百灵最渴望得到自由，他们喜欢一生自由，按照自己的想法自在地生活。

这种自由体现在生活上就是不拘小节，经常丢三落四、不太关注细节，屋里也经常会乱七八糟。

体现在人生轨迹上，百灵更容易成为放弃朝九晚五的生活，而选择成为自由职业者、背包族、摄影师等，他们可以在众人的目光中选择另外一种自己向往的生活。

4. 享受体验和过程

百灵享受体验和过程，人生对百灵来说就是享受乐趣的过程。狮子要求人生有结果，而百灵对结果的解读往往是这样的，人生最后的结果都是一个小盒子，过程才最重要。

很多百灵不在意挣了多少钱，有多大的名望或者成就，但是他们在意是否有自由，是否能容我呼吸。相对于狮子，他们更关注养生和长寿，他们更容易从繁杂忙碌的工作中解脱出来，活得更从容、更舒展、更活在当下。

因此百灵在工作中的执行力稍逊一筹，往往不太能得到好的结果，如果希望在工作中有好结果，则需要有关注事情的狮子或者猫头鹰来做搭档。

海豚在工作中的需要

1. 环境和人际关系的稳定性

海豚需要稳定的环境和人际关系，他们一般不喜欢经常换公司、换座位、换环境甚至换身边的朋友，通常可以在一个环境中待很长时间。

海豚能和别人保持很多年的朋友关系，可以和小学、中学、大学同学交往一辈子，也可能是在同学中人缘很好的那个。

如果一家公司经营多年，老员工里海豚会占到很大比例，他们和猫头鹰一样，能够在企业低谷和高峰时都一样保持良好的耐心和稳定性，并适应不同的环境。

因此在工作中，需要给海豚稳定的环境，不能经常调换座位或者职位。

2. 适应变化的时间

海豚的节奏较慢，他们最喜欢没有变化的、缓慢流动的时间，喜欢徜徉在各种稳定的自然的环境中，海豚面对突如其来的或者持续性的变化会感到紧张。因此不管是生活中还是工作中，如果遇到变化，需要给海豚适应变化的时间。

3. 得到他人真诚的接纳

海豚需要得到别人真诚的接纳，他们希望别人和他交朋友，同样，海豚也会设身处地地为别人着想，包容别人。虽然海豚随和包容，但是如果对海豚有不够礼貌的命令或者行为，他们都会想办法用各种借口逃避或者忽略掉。

因此在工作中给海豚布置任务，采用平和的、平等的态度，反倒比命令、指责的方式更能得到海豚的支持和拥护。

4. 享受和谐的环境

海豚喜欢没有冲突的环境，他们喜欢你好，我好，大家好，宁可自己受委屈，也希望别人情绪平稳，所以很多时候海豚扮演了老好人的形象，偶尔会有一些善意的谎言，都是为了减少冲突的发生。

猫头鹰在工作中的需要

1. 需要有足够的时间来完成任务

因为猫头鹰的完美谨慎，需要给予足够的时间让他完成任务，对于所有的事情猫头鹰都喜欢做对，不希望出纰漏和差错。如果同时让猫头鹰处理几件事，或者临时给他加任务而不给足够的时间，会让他们感觉慌乱。

所以在工作中不能老催促猫头鹰，给他们足够的时间按部就班地完成任务。

2. 需要客观真实的数据

猫头鹰还需要客观、真实的数据，他是一个观测者和观察者，经常会问"为什么"，猫头鹰很少拍脑门想问题，判断一件事之前都会很谨慎地查证相关数据。

很多狮子型的人也喜欢看数据，但是他们看数据往往是为了查证自己的直觉和判断，数据只是辅助的手段而已。

3. 享受完美无误的任务结果

猫头鹰还希望在工作中得到完美、精确的结果，他们对每件事情都会认真对待，对于没有做过的、有挑战的事情更是缜密思量，想好了才会动手去做，力求一切都完美无误。他们首先要自己对作品满意，才能放心地拿给别人看，如果他们自己都不满意，无论如何也不会让它亮相的，他们不但苛求自己，同时还会苛求别人。

四种性格的员工适合的工作和方向

上一节我们分析了不同性格的人在工作中需要得到的回报或者奖赏，那么不同性格的人都适合哪些工作和发展的方向呢？

狮子适合的工作和方向

狮子没有兴趣从事一成不变的工作，没有耐心沿着僵化的体系和职业生涯升迁。狮子是一个乐于挑战的开创者，不安于室的企业家；希望有明确的责任和许可权，希望得到充分的授权；狮子追逐更大的权利，更高的位置，不怕压力；希望工作像战场一样充满挑战，希望可以掌控全局 Hold 住全场。

他们适合的职业特点首先是老板和创业者，狮子型的创业者是最多的，他们天生不服别人管的性格在很多环境下都显得和别人格格不入，甚至会被认为是挑战权威，除非他们自己成为老板，才能真正释放出自己的能量。狮子还适合成为团队领袖和项目主管，即使是在一个没有指定领导的小团队中，狮子型的人也会脱颖而出，他会习惯性地指挥别人，让别人按照他的想法做事。狮子适合的职业还包括有权有势的领导人和军人。

一家公司的老板如果是一个强狮子型人物，他所创造的企业也会像他一样充满激情，追逐成就，希望能在行业中拥有更高的位置。在这样的企业里，那些同样使命必达的狮子型同事和下属也会得到他们的赏识，成为各部门的负责人。而百灵和海豚性格类型的人在这样的公司会相对比较辛苦，需要调整自己的行为，努力像狮子一样关注结果、加强执行力，才能满足领导和公司发展的需要。

狮子的职业

领导 老板 创始人 CEO
政治人物 领袖
民意代表 军人
项目主管

百灵适合的工作和方向

百灵希望有舞台且能够得到掌声，希望能够跟人互动、接触，能够充分地发挥口语表达能力，有轻松的工作环境，不喜欢官僚化、政治化的工作环境，希望公司能够重视员工的想法，允许天马行空。

百灵有影响力，适合做公共关系和社会活动家，他们善于发展和别人的交情，让别人觉得他就像多年的朋友，不需要费很多精力和心思去经营和百灵的友情。百灵适合那些可以发挥他们丰富想象力、天马行空的创造性的工作，如设计师、策划人员。百灵还适合演艺事业，无论是电视台还是广播电台，百灵型性格的主持人总是很容易就给观众带来愉悦的感受，让你融入他们的喜悦和快乐之中。此外，百灵型的性格还适合教育事业、媒体、业务员以及客户服务。凡是跟人打交道、能展现自己才华和魅力的工作他们都适合。

百灵的职业

演员 艺人 娱乐事业
教师 大学教授 设计师
架构师 策划师 发明家
广告 创意 媒体
业务员 销售员 讲解员
行销企划 售前服务
节目制作 公关 导游

海豚适合的工作和方向

海豚有非常高的稳定性，具有高度支援团队的能力。他喜欢在工作中接触人，比较保守、被动。海豚不太习惯有强烈的理想或者是成就目标，他喜欢一步步达成部门或者领导的目标，不喜欢管人、不喜欢给别人压力，有随遇而安的倾向。

总体来说，海豚是比较八面玲珑的性格，这样的特点在国内特别适合做公务员。海豚还特别适合做生意，做市场销售和业务代表，他们擅长把握别人的心理，照顾到别人的感受，不急不躁，让人感觉如沐春风，即使生意没做成，也很容易和别人交成朋友。海豚还适合做具体的执行分解工作，可以很有耐心地一步步按部就班地完成好；有很多工作狮子型的人做过一次之后就不愿意再做第二次，但是海豚型性格的人有耐心做很多次。海豚还可以做包括媒体公关、行政人员、助理、秘书、客户经理、非营利事业的组织人员，这些工作都适合海豚没有强烈野心、有耐心、随和包容、擅长和人打交道的特点。

上方的第一位全职同事 Cindy 是一个海豚型的人，她是我见过的最温暖有爱的姑娘，在将近 12 年的起起落落中，虽然承担了很大的压力，却极难看到她的负面情绪，她以情商高、乐观豁达、乐于助人而成为上方团队中的核心成员。

如果你希望公司在对外的形象上是亲切的、人性化的，那么选择前台就要优先考虑百灵或者海豚，这样来拜访公司的人都会感觉如沐春风，如果前台安排了一个猫头鹰或者狮子，则很有可能得罪客人和合作伙伴。

海豚的职业

公务员 行政人员
市场经理 媒体公关
客户经理 客服人员
前台 接待人员 助理 秘书
老师 辅导员 顾问
非营利事业组织人员

猫头鹰适合的工作和方向

猫头鹰追求高品质、完美，重视规划、顺序流程和制度；喜欢谨慎地思考后再作出行动，善于修正别人的论点；注重事实的正确性和资料的完整性，可以独立做事，不希望被打扰；有能力处理复杂的书面资讯；喜欢关注事情，不喜欢跟人打交道，和别人的交往中奉行君子之交淡如水。

很多公司大部分财务总监都是猫头鹰型的性格，他们对数字和报表有超乎寻常的敏感，而且保有持久的耐心。猫头鹰型的人还适合做法官，他们比较公正，在天性上他们忠于自己内心；然后是会计师、证券分析师、投资理财人员等，这些工作都需要跟数字打交道，需要专业和敏锐，观察和分析。

很多产品经理都是猫头鹰型性格，他们关注内心的感受，进入无我状态时会创造出非常好的作品。猫头鹰还适合做程序员，他们写程序基本没 BUG，即使有BUG 也比其他性格的人少。最后猫头鹰还适合成为科学家、学者、研究人员、测试人员，他们特别在意专业性，在意细节，其他人都觉得可以了，他还能挑出很多毛病来，容易较真。在互联网、移动互联网和游戏行业里，猫头鹰适合做产品、运营数据、测试、监测等方面的工作。

猫头鹰还有一种能力，是对美的欣赏和创造的能力，猫头鹰的衣着都非常有品味，从来不买质量和质地差的，对美的欣赏力造就了他们天生的艺术家气息。

猫头鹰的职业

程序员 编辑 产品经理
测试人员 法官 律师
银行办事员 艺术家
作家 导演 会计
投资理财人员
证券分析师 精算师

辨识四种性格的领导

传统型企业和蜂窝组织的团队中都会有领导者和普通成员，那么不同性格的领导都有哪些自己的独特风格呢？以下所列举的这些特点并尤其适用于蜂窝组织或者一般的小型和微型公司中的领导。

狮子型担任团队领导的特点

狮子所领导的团队一定会注重结果，他会密切关注结果，并让团队的每个人都按时汇报进度。狮子领导者的执行力非常好，事情都会按部就班地执行下去，狮子不会因为照顾人的感受而耽误了事情。

狮子有领导者的风范，他们天生就喜欢指挥和领导别人。即使没有提拔他做领导，狮子型的人也会脱颖而出，而其他性格的人都会愿意听他的。

在一个团队中，没有上下级分别的两个狮子型的人，如果没有给两个人划好界限，则两个狮子型的人一定会产生矛盾，此乃一山不容二虎。

狮子会受环境影响而情绪易怒，脾气不好，所以狮子很容易导致团队的气氛紧张，人际关系也容易搞砸。如果这个狮子有非常大的人格魅力，有超于常人的才华和能力，即使员工知道老板脾气不好，也会因为老板的人格魅力而留在他身边，因此这也会适当中和公司的紧张氛围。

百灵型担任团队领导的特点

百灵做领导者时，整个团队的气氛非常融洽，他会照顾大家的感受，会注意培养一种热情、洋溢、正能量的氛围，团队成员会感觉领导比较人性，大家都很喜欢跟着百灵做事。

百灵愿意创新，愿意尝试新机会，因此很容易发散，不能专注在一个点上，经常会在做这件事的时候发现另外一个机会，然后把机会都留下，最后发现哪个也没有做好。如果百灵型的人做企业的老板，公司很容易会向多元化发展，有很多条战线，如果运气好的话，企业可能会发展得很顺利，如果运气不好，很容易事事通、事事松。

百灵不太关注结果，更多关注过程，关注人的感受，经常为了照顾人的感受而忽略了事情的结果，如果有团队成员违反规定，或者没有按期完成任务，他们一般不会像狮子一样严厉地批评，只是适可而止，或者给对方讲道理，动之以情，晓之以理，让对方接受。因此百灵很容易因为照顾人的感受会让事情没有结果。

海豚担任团队领导的特点

海豚做领导时，界面非常友好，待人处事非常人性化，很少跟下属发脾气。也很少给别人压力，经常是自己一个人扛所有的压力，很少会把压力分配给下属，直到把自己压到再也扛不住为止。

海豚做领导很有耐心、能持久，不管遇到什么样的风险，海豚型的领导者都比其他性格的人更稳定。

海豚做领导的缺点在于，一是下属都容易没压力，二是责权利分不清，导致目标不够清晰，或者任务分解出现问题，因此很容易造成大家都不太盯结果，都陷在过程中，而造成事情最后没有结果。

猫头鹰型担任团队领导的特点

猫头鹰做领导时，公司会非常稳定、有流程化、科学严谨的制度，以确保每件事情都能按规则而行。

但是也会因为过于谨慎，不容易突破和改变，不容易有大的创新，很多在百灵看来是机会的事，对于猫头鹰来说是风险，他们会率先评估风险，优先考虑如果失败自己是否能承担得起。

猫头鹰所领导的公司和团队，氛围也相对平静和不够活泼。他们喜欢书面化的、文字性的工作汇报，而不喜欢面对面地沟通，他们喜欢理性有控制的局面和人员，而不喜欢张牙舞爪、总是想引起注意的人。

如何面对四种类型的领导

面对狮子型的领导

首先要了解狮子没有兴趣听你长篇大论，一定要简练、说重点，直接说事。不要跟狮子闲聊感性的东西，只给他直接的结果。比如狮子问你，事情做完了么？他想要的答案就是做完了，或者没有做完；如果这时你唧唧歪歪地说一大堆过程，狮子型的领导就会不耐烦。他会说"说重点，到底完了还是没完？"如果你回答没有完成，他可能会继续问，为什么没有完成？这时你可以说重点遇到的问题在哪里？

如果你要打断狮子的谈话，一定要有力度，狮子能接纳的是比自己力量更强大，信心更大的人的建议。

和狮子型的领导沟通，要尽量使用直接的词汇，比如"应该、做、不要、可以"这样的词汇，直接、果断，这才是他喜欢的。

面对百灵型的领导

如果你的领导是百灵的话，就跟他一样创造好的氛围，他特别喜欢充满想象力、开心、自然地陈述自己的意见，你要和他保持同样的节奏，比如微笑、点头以配合他的肢体语言，这会让他非常愉悦。

百灵型的领导喜欢跟你面对面地讲话，感受到你的情绪，如果有条件的话，可以经常去他办公室跟他说话、汇报工作，虽然这一点和群组沟通有点相悖，他经常喜欢用一些形容词，比如说"非常、很好、很棒、极、有想象力"等带有情感色彩的词汇。

面对海豚型的领导

如果你的领导是一个海豚的话，他不太会主动告诉你他的想法，你需要多请教他的想法，让他主动去说，不要等他主动告诉你。同时你要经常复述和总结他所表达的内容，通过这样的复述确保你认为的重点是没问题的。

家庭对海豚来说非常重要，他们是最顾家的人，因此你可以经常跟他聊聊家庭、聊聊孩子或者宠物，多关注他的感受和他所关心的事物。

经常做一些铺垫性的、软化性的词语，如"我想、怎么样，可以吗？你觉得呢？"词汇。

面对猫头鹰型的领导

猫头鹰喜欢书面的资讯和报告，不喜欢当面汇报工作，所以要配合他的习惯，多使用书面或者文字的方式和他沟通，如电子邮件，QQ，微信等，不要经常去他的办公室，尽量少当面陈述和汇报工作，尽量少打电话。

如果要跟他当面汇报工作，讲话一定要配合他的速度，你要慢下来，不要打断他的谈话。同时你表述的时候，动作姿势幅度尽量要小，不要像在百灵面前一样眉飞色舞的，尽量不要引起对方的注意，不要让猫头鹰觉得你是个不稳重的人，保持跟他一样就好。

四种性格的人如何避短扬长

每个人的特点既是自己的优点，也是自己的缺点，团队要不停地成长，因此每个人都需要突破自己的心理舒适区得到成长，当面对不同性格的下属时，应该如何给他们提要求，让团队中的每个人获得成长？

狮子型

避短

1. 学会减慢速度，认真倾听

狮子最大的特点是主观意识特别强，还特别着急，有时根本没有听明白别人在说什么，自己的主动思维就会有惯性的判断，然后直接就说自己的想法，因此狮子型的人要减慢速度，好好听别人讲什么，不要飞快做出反应。

狮子型的人特别需要增强自己的包容性，忍耐力，学会用肯定的方式回应对方提出的建议，然后再考虑如何解决，如何达到目标。

2. 意识到除了自己，还要满足他人的情感需求

狮子大部分时间都关注自己的世界，同理心较差，需要多换位思考问题，增强自己的同理心。当和别人产生互动或者摩擦时，想想如果自己是对方，会怎么办？多考虑一下别人的感受，不要飞快地认为别人是恶意的。

3. 接纳意见，不要解释

狮子比较在乎别人的看法和别人的评价，所以他总是急于去解释自己，解释自己为什么那么考虑问题，他期望通过解释，而让对方给予正面的评价。

如果给没有太多职场经验的狮子提意见，他们通常有几种反应，一种是内心有抗拒和抵制，听不进去别人的意见，心里表现出很大的纠结和挣扎，如果别人的意见是对的，他们就觉得自己的意见是错的，然后内心就觉得被缩减、被忽略。

第二种是发现对方说的意见可能是对的，然后马上考虑如何执行，怎么样有结果，就会不断问对方问题，看上去很着急，给别人以威压感。这件事如果他胸有成竹地知道如何把意见采纳进来，他就 OK；如果他觉得无法掌控，就会不断地焦虑，直到他觉得问题可以解决为止。

对比较成熟的，或其他性格的人的建议耐心听取，记录下要点，然后结合自己要做的事情综合考虑，再采取下一步。

4. 减少主观判断，多陈述事实

狮子型的人经常在各种主动思维和自我对话中，对一件事实的解读很容易变成负面的，以偏概全的个人化解读，然后给自己带来负面情绪，比如愤怒，比如焦虑，比如感觉自己不够好。

狮子要学习完全不对他人做推断，要么相信别人的话，要么完全不持任何观点，直到你找到实实在在的证据，所有的主观判断都要通过询问别人得到检验和证实之后，才能形成对他人的看法。

扬长

1. 学习更好地把握节奏、知道在何时放松

对狮子来讲一定要把握节奏，学会放松自己，人生中有很多事情比成功更重要，

比如健康、快乐、自由，这些狮子听不进去，他们觉得和自己的成功相比，损失点健康和自由没有什么关系。

狮子要有意识地控制好自己的生活节奏，不能为了成功而透支身体健康、自由和快乐，要知道轻重缓急，知道应该在什么时候放松自己。

2. 了解每个人都需要其他人的帮助

狮子一贯的独立、自信，让他们很难开口向别人寻求帮助，担心自己需求帮助是一种弱者的表现，是承认自己的无能，所有的事情都希望自己搞定，所以狮子会死扛。狮子需要学习的是每个人都需要其他人的帮助，包括像自己这样的能人，遇到别人没有回应或者没有及时的帮助，也能客观地评价和陈述，而非批判性地解读。

3. 即使不认同，仍然接受目前存在的局限和做事方式

狮子很难容忍在一个环境中存在着很多在他看来有问题的地方，或者老板有问题，或者公司有问题，狮子很多时候看不到自己的问题，总觉得是别人有问题，别人需要改变。狮子需要学习的是，即使不认同现在存在的问题和情况，但是依然接受目前存在的局限性以及做事的方式。

百灵型

避短

1. 启动一件事完成一件事

百灵喜欢各种各样的新机会、新想法，因此在遇到一件事情时，百灵会下意识地认为这可能是个机会。如来一个陌生的电话时，狮子和猫头鹰可能不会接起来，但是百灵不会轻易错过陌生的电话。百灵通常会想做很多件事，哪件事好像都挺好

玩的，哪件事都不愿意放弃。因此需要做到启动一件事完成一件事，不能太过发散，什么都想要，什么都想做，到最后就像猴子掰苞米，一个也没剩下。

2. 每件事都要约定截止和完成的绝对时间

百灵比较容易活在当下，他们享受过程，享受生命体验，能更多触碰人生中自然、真实、合一的自我，但是这些特质却不适合在现实的社会中打拼，因此需要帮助他们在工作时间里，按照社会的规则来做事。

比如一款产品要上线，假如你问百灵进度情况，他可能会说打算用两天时间测试，然后用 3 天时间修改，然后用 5 天时间上线。但这样的时间节点对百灵不起作用，他们总是会因为各种未知情况而有延期，因此要改变策略，每件事情都要约定截止和完成的绝对时间点，如 7 月 7 日完成测试，7 月 30 日正式上线等。

3. 学习严谨和系统性

百灵和猫头鹰正好在对角线上，而猫头鹰的优点恰好是百灵最缺乏的，比如严谨、追求完美、持之以恒，系统化的思考和归纳总结，因此在工作中，需要让百灵了解自己欠缺的这些地方，有意识地进行弥补。

扬长

1. 学习有组织和系统的做事方式

百灵的不拘小节和关注点太多的天性，都局限了自己在职场的发展，因此百灵要想有提升，就需要学会有组织、有系统的做事方式，包括持之以恒地贯彻这些方法。

2. 意识到对别人需要有更多的切合实际的期望和客观看法

百灵的方案和设想经常天马行空，不关注细节，宏大且不具备可执行性，往往会陷入纸上谈兵的境地，因此百灵需要有意识地培养自己接地气、意识到别人希望他有切合实际的期望和客观看法，踏踏实实从细节入手。

3. 知道何时应变得更加坚定和直接

百灵经常因为人的因素而忽略自己的需求，他们不是所有的时间都快乐，只是不愿意在别人面前表现自己的不快乐而已，因此百灵需要有意识地学习，如何在不那么令人满意的环境中，知道在何时应该变得更坚定和直接。

4. 意识到必须根据优先级和时间期限来与他人合作

百灵对于所有的外来机会都有着天然的接纳度，很少会像猫头鹰一样首先考虑风险、时间成本和执行成本，经常会来者不拒，然后等过了一段时间，发现这些合作变成了鸡肋，食之无味弃之可惜。这就是百灵的发散，不专注，不能专心在一个点上。所以百灵需要学习根据优先级和时间成本、期限来决定和别人的合作，而非来者不拒、全盘接纳。

海豚型

避短

1. 多主动阐述自己的想法，多通报进展

海豚有一个最大的表象特点是，你不问他他就不汇报，你得主动去找他问工作进展，因此要给海豚型的同事约定主动汇报的规则，要提高阐述自己想法的主动性，多主动通报工作的进展。

2. 改变自己拖沓的习惯，分解任务，加强执行力

很多海豚有拖沓和拖延的习惯，很像拖延症，看上去比较懒散。要改变海豚的拖沓习惯，有几种办法，一种是强制性的，让海豚必须马上完成某项任务，但是这会让海豚很不爽。还有一种办法是，如果让海豚清楚地知道这件事情为什么很重要，他们就会理解事情的重要程度和紧急程度，从而优先去办。

同时，还要像对百灵一样，约定每件事情的绝对时间点，让海豚有时间和危机意识。

3. 精准地执行任务

有时候，个别海豚在执行任务时，如果他觉得这个任务不够重要，他会认为怎么样都行，因此在执行中很少会像狮子和猫头鹰一样关注结果，对他们来说，只要不误事，能做完就行了，至于我怎么做你就别管了，所以海豚经常不能很精确地执行任务。甚至有时为了避免别人的批评，他会用各种借口搪塞，或者用善意的谎言欺骗，你不去追究的话他就蒙混过关了。因此，海豚需要学习精准地执行任务。

4. 多一些支配意向

海豚不太会把自己的任务和压力分解给下属来分担，很多时候都是自己一个人担当，除非把自己压到不行时，他才能意识到这一点。海豚天生没有支配别人的欲望，很少会对别人提要求，这在工作中是一种被动的劣势，因此海豚需要多一些支配意向，多做一些积极的、勇敢的决定。让团队和自己一起担当，同时得到好的结果。

扬长

1. 学习如何更好地应对突如其来和持续的变化

喜欢稳定环境的海豚，在遇到变化太多的时候，会产生一种慌乱感，因此对于

海豚来讲，提升的机会在于学会应对突如其来的和持续的变化。接纳世事无常的真相，培养自己强大的内心应对各种突如其来的变化。在快速发展的互联网世代里，学会快速学习、快速迭代。

2. 知道在什么状况下把任务委托给其他人能取得期望的成效

海豚喜欢一个人独立承担很多任务，因此海豚需要学习在做事的过程中分解任务，分派任务，分清责权利，并贯彻执行到底。学会委托任务给别人，而不是自己一个人担当。

3. 知道如何果断地与人打交道

海豚给人随和妥协的感觉，会让人觉得比较软弱，很容易受到别人的忽视，尤其是海豚遇到善于让别人依照他的方法做事的狮子时，基本没有抵抗能力，因此海豚需要有意识地培养自己如何果断地和人打交道， 果断地拒绝是海豚应该学会的一课。

4. 通过学习新事物抓住成长的机会

海豚不喜欢变化的性格会导致自己无法拥抱变化，很容易成为守旧且不愿意学习新事物的人，因此海豚一定要学习采用各种方法，包括且不局限于已知的标准，拥抱变化，学习抓住每一个新的机会去成长。

猫头鹰型

避短

1. 多一些弹性，多包容自己和他人

猫头鹰的人生中有很多规则，由于他们的自律性和完美主义，因此社会、环境、学校、家庭教给他们的都会被他们一一吸收，他们会给自己制定各种各样的条条框框，然后在自己的条条框框里安全地待着，轻易不会越过规则线。如此自律的猫头鹰需要增加弹性，多包容自己和包容他人，让自己处于更宽松的环境中，事情做得不够完美也没有关系，偶尔犯个小坏也没有关系。

要学会包容和宽恕自己，还要包容和宽恕别人，如果你无法宽恕别人，你就会一直生活在牢笼之中。

试图通过内心的强大来控制生活，不如放下控制的舵，先观察和感知自己。

2. 不要过多追求完美，可以边做边调整

猫头鹰遇到很多事情，没想好之前迟迟不会动手，他们会反复斟酌、反复思量；猫头鹰需要尝试启动任务，并在过程中边做边尝试调整；不要过多考虑可能会遇到什么问题，要相信即使遇到问题，也能遇山开路、遇水搭桥，在行动中根据变化不断调整策略。

3. 过多思维导致过多负面情绪和感知

大部分的猫头鹰也都有非常强大的自动思维模式，和狮子很类似，因此猫头鹰通常会想得多，他们的头脑不断在思量和揣摩，而这些重复的、无用的思维极易让人产生负面的情绪和感知，猫头鹰需要多活在当下，多融入自然，注意多放下自己的思维，从主动的思维中解放自己，只在需要处理事情时才运用思维考虑问题。

每个团队都需要提升个人水平，如何帮助你的团队成员在职场上提升自己？

扬长

1. 学习更多的宽容冲突和不完美

要学会宽容冲突和不完美，很多时候事情不能按照我们的想法做得那么完美，一定要学习宽容这些不完美。并且需要学会用切合实际的方法来有效地减少和防止冲突和不完美。

猫头鹰很少会因不用心、不认真而导致事情出现偏差，往往是因为没有有效的切实可行的办法来有效控制。

2. 意识到必须主动和别人沟通讨论你的观点

猫头鹰给人的感受多半是君子之交淡如水，很少会和人主动沟通自己的想法，也难从其他人那里得到帮助，猫头鹰需要意识到必须主动和别人沟通自己的观点，这是对双方都有好处的事。

3. 了解不同类型的才能以及兴趣，这将有助于达成期望目标

要有意识地了解别人的兴趣，才能和爱好，关注别人的长处，而不是活在自己的世界里，一切都依靠自己的力量搞定，这样有助于达成期望的目标。

4. 接受自己的价值并不限于你所做的事

猫头鹰总喜欢用强大的内心力量来控制自己周遭的事物，如果控制得不够完美则会觉得自己的价值受到了贬损。猫头鹰需要学习的是，无论事情做得是否完美，都并不代表你的价值会受到贬损或者降低，你依然是原本的那个你。

而所有让你感觉自己有所贬损、感觉自己不完美，都是思维导致的情绪和产物，都是暂时的头脑体验。

放下你内心控制的力量，放下你手里紧紧的舵，开始学会顺其自然、顺势而为。

四种性格的人完成任务的行为模式

四种不同性格的人完成同一个任务，他们会有不同的行为模式和看法。我们以设计 54 张"四方性格"扑克牌这一任务为例，分派给四种类型的人来完成。

狮子

1. 会先把这项任务做分解。

2. 把已经分解后的任务分派给不同的人来解决，这些人都要定期向他汇报进度，他将最后负责整合。

3. 他只扮演了管理者的角色，而腾出时间和精力考虑更有成就感的问题。

狮子设计出来的扑克牌不一定是最棒的，但是一定能由专业人士在预定的时间和预算内完成。

百灵

1. 对这套扑克牌的设计有很多想法，但是哪个方案最好他也不太确定。

2. 他开始设计画面，一边设计一边把自己的想法付诸其上，在这个过程中，他们也不会错失和别人沟通的机会，所以过程进展缓慢。

3. 页面设计非常显示他的天赋，在漫长的等待之后，工作终于完成了，他也结交了与这个工作相关的朋友，并要和大家一起庆祝一下。

如果扑克牌效果一般，可能至少美工设计和画面不错，我们依然会认为那个人是多么出色的家伙。

海豚

1. 听从任务分派者的意见，把对方希望看到的设计元素画上去，并且能一直妥善处理与任务分派者的关系。

2. 召集美工，按照既定的要求和方案做设计。

3. 有了初步的雏形之后，要求团队都像一个人一样工作，用同样的设计风格照章而做。

可能有人觉得作品平庸、缺乏创意，但是另外一部分人会欣赏海豚一丝不苟、按部就班地执行，并觉得这是一个没有多大遗憾的作品。

猫头鹰

1. 把这个任务看得非常重要，希望每个细节都可留意到，事必躬亲，设计出复杂的图案。

2. 每张扑克牌都要设计到完美无缺的水平。

3. 大多自己动手，设计 54 张扑克牌，哪怕付出再多的时间也在所不惜。

他不指望这份工作有多大乐趣，但他喜欢去想，他的作品将因其臻于完美的技能，超凡脱俗的品位收到无数喝彩。

第六章

情绪引导，
保持云端团队的稳定心态

06

有些朋友曾向我表示，情绪的问题不应该放进本书，理由是心理与情绪和商业管理的关系不大。支持我把这一章保留下来的创业者们则认为，"不关心心灵成长的企业家只能是业余企业家，职业经理人只能是低级经理人。企业家需要有哲学高度，至于云管理的方法论，只是表象，这个也会随时代发展而被更新的方法论所取代"。

"情绪管理"是我在创业中遇到的最大问题。每当创业者和我沟通时，我会把一半以上的时间用于帮助对方进行思维模式的转变和情绪的分析。发现了这个问题之后，我便花了很长时间来研究和分析，也自认为我所了解和领悟的内容对自己和身边的人帮助很大。在本章中，我把多年的经验总结于此，列举了相应的问题和方法。大家可以把这些当成一个个路标，沿着它们指的方向进入一个专业的领域。

认清工作中的情绪隐患

无论是传统企业还是云管理企业，无论是企业管理者还是团队成员，都会遇到情绪管理的问题。而云办公的团队大部分时间都在自己的家里办公，如果家里有其他成员，比如孩子，父母会好一些，如果大部分时间需要独处，可能就没有人可以分享和倾诉。在这样的情况下，云团队成员就更需要了解如何有效地对情绪进行管理，解决工作和生活中遇到的阻力，完成卓越的目标。

决定工作是否成功的因素，除了行为方式，最重要的就是引发我们行动和决策的内在状态，如果内在的状态不同，对同样一件事的看法和感受就会截然不同。即使是同一个人，在外界环境没有变化的情况下，做同样一件事导致的结果都可能截然不同。

假如我们认为一件事情存在问题，或者判断其未来存在种种困难，那么这件事是客观上真的存在问题，未来的前途真的有很大风险，还是因为我们内在状态不佳而做出的负面判断和消极思维呢？为什么针对同一个问题或者方案，我们和其他人有完全不同的看法，有的人非常乐观，觉得不能错失商机，而有的人非常悲观，充满了风险防范意识。

我主张在判断一件事情之前，先判断自己的内在精神状态，如果我们内在的精神状态存在着各种情绪压力，那么我们有必要放下自己的决定或者观点，重新调整状态后再做出决定和措施。先来了解一下有可能存在的几种心境障碍的情况。

第一种常见的心境障碍：焦虑

没有经历过焦虑的人，不足以谈创业。

我们创业、做事都希望得到一个好的结果，关注结果和目标是一种动力，让我们内心有足够的内驱力。我们期待在未来的一个时间点能够实现目标，但是未来是不可预知的，我们担心在将来的那个时间点得不到我们想要的，或者会失去我们现在所拥有的，因此就容易产生情绪，这种情绪就是焦虑。

焦虑会影响一类人的自我感觉，让我们觉得自己贬值了甚至低人一等。这种贬值可以体现在活力层面，我们感觉自己的活力受到了威胁，也可能体现在自我价值层面上，觉得自我价值已经丧失；或者体现在自主层面上，自主性越来越弱，致使我们越来越不自信，或者越来越受制于人，最终我们觉得自己虚度此生，因为没有完成本来应该完成的事。

四方性格中每个人性格不同，面临情绪压力时，其表现方式和排解压力的方式就会不同。狮子型性格的人最容易出现事业上的焦虑，且最容易表现出来，其次是猫头鹰性格，百灵性格，海豚性格。每种性格都会有针对事业和工作的焦虑，但是百灵和海豚性格的人不会轻易表现出自己的焦虑，他们的焦虑往往会放到自己的内心。另外我们还会存在一些人际关系方面的焦虑，如分离焦虑、孤独焦虑、朋友圈焦虑、被人忘记、不被群体接纳的焦虑等。

无焦虑状态是不存在的，有的人很少焦虑，也很危险，至少在做公司时是很危险的，因为没有焦虑也就觉察不出什么时候就会处于危险之中，没有焦虑意味着总是自不量力，在原本力所不能及的事情上做无益的自我表现。

焦虑来自于未来，当我们不能活在当下，而是活在未来时，我们就会忽略现实所做的一切，跨越时空，凭空想象很多无中生有的、并不存在的情况，而我们的大脑相信那些是真实的，这些看似真实的思想，造成我们当下各种负面的情绪。我们所能做的就是缓解焦虑，不断让自己拥有核心的自我意识，不断忍受各种不确定性，接纳人生是无常的，并在耐心等待中再次拥有那么一点确定性。

生理上分析，焦虑来源于大脑结构分泌的各种神经递质和激素水平。心理学上分析，焦虑很多来自于固定的或自动的思维模式，主要是几种"应该"的信念。尤其是狮子型的人经常会遇到，自己却基本不自知，还会经常否认。当我们要求自己做好一件事，要求别人好好对我们时，要是事情没有完全按照我们所想的方式进展，就会感到焦虑；这些绝对的、必须的思维模式又会导致产生自我贬低、糟糕至极、我不能容忍这种现状等以偏概全、非黑即白的信念。

方法总比困难多，要想处理好事情，需要先处理好心情。让我们焦虑的事情，如果可以解决掉，那么就没有必要焦虑，如果我们努力了也解决不了的事，就更不需要焦虑。如果你已经全力以赴、问心无愧，那么结果就是顺其自然、顺势而为的。所谓生死有命、富贵在天，结果无非就两种：或者是你想要的，谓之成功；或者是你不想要的，谓之失败。而无论成功或者失败，其实都是暂时的体验，它的持续期可能不会超过几小时或者几天。

第二种常见的心境障碍：抑郁

在日常的工作和生活中，越来越多的人开始抑郁，医学上解释造成抑郁的原因是某类神经物质或者神经递质的缺乏，尤其是去甲肾上腺素和 5- 羟色胺的缺乏。而这类神经递质的缺乏会引起大脑中深层边缘系统的新陈代谢加快或者激活程度增强。另外我们的成长经历可能造成大脑部分功能的改变，形成一些固化的思维模式，第三，我们遇到一些不可控的应激事件时，会激发大脑进入抑郁状态，比如受到伤害、丧失、失败等具体事件。最后消极思维和情绪体验长期积累，最终形成抑郁症。

抑郁也会导致固定的思维模式，对过去所发生的不够完美的事物或者事情不能释怀。抑郁来自于过去，我们活在过去的阴影中，陷入对自己的判断和指责，觉得自己没有希望、没有价值，就容易陷入抑郁。

猫头鹰性格的人最容易表现出抑郁，在气质学里，猫头鹰性格又被称为"抑郁质性格"。容易抑郁的其他性格，依次是狮子，百灵和海豚。猫头鹰和狮子性格的人最容易研究哲学、佛学、内观或心理学。猫头鹰多生活在过去，狮子多生活在未来，最容易引发抑郁。其次是百灵和海豚，这两种性格的人情绪稳定，大部分时间生活在当下，同样研究佛学或者禅修，百灵和海豚性格的人也是最容易成为大师的人。

我们经常想努力把每件事做到完美，把自己当成是一个被审视的对象，不停地多角度、多层次评判自己。我们相信完美的生活会让我们远离脆弱和不安全感，但是却造成自己无路可逃，要么无懈可击，要么痛苦。追求完美，表面上看是为了完美而努力，其实是为了避免不完美。就像一个有洁癖的人眼睛里都是脏乱一样。不完美导致的慌乱和压力很容易让我们筋疲力尽、非常沮丧，感觉自己失控，而在失控的感觉下，我们就越想追求完美，为了保持这样的完美，我们就会开始抑郁，多么闭环的一个圈，我们的商业模式要是这样的闭环该有多么省事啊。

第三种常见的心境障碍：双向情感障碍

双向情感障碍又被称为躁狂抑郁症，是躁狂和抑郁周期性交叉出现的一种心理状态。躁狂期间，人会表现出活力四射、思维敏捷、愉悦乐观、兴趣广泛、友善容易相处以及高效多产、充满创造力和想象力、表达能力超强的状态。躁狂能够为从事创造性的人提供来自内心的激励，而不需要来自外界的鼓励，创造性的工作还能够诱导出欣快的躁狂状态，可以使人们沉溺于自己的工作当中。而在抑郁状态期间，则表现出抑郁症的状态。

躁狂和抑郁交叉时间周期不定，有的是几个小时，有的是几天，还有的是几年，不同时期的长度无法预知。躁狂发作前往往有轻微和短暂的抑郁发作，所以有学者认为躁狂发作就是双相障碍，只有抑郁发作的才是单相障碍。有报道称 37% 的双相抑郁患者被误诊为单相抑郁，长期使用抗抑郁药治疗，从而诱发躁狂快速循环发作，使发作频率增加。

不太严重的躁狂叫做轻度躁狂，轻度躁狂表现轻微，经常和正常的高兴无法区分，轻微的抑郁也同样具有误导性；许多躁狂抑郁者都认为他们的抑郁是一种病或者一种性格缺陷，而他们的躁狂期则是其健康时期和状况最好的时候。

轻度躁狂的人往往会自我放纵、兴高采烈，有想说话的欲望，身体看起来也很好，看上去很健康很开心、通情达理。轻度躁狂让人对一切事物都抱有浓厚的兴趣、反应迅速。这对很多企业家、艺术类、游戏类、设计类等从事需要创造力或者判断力的人来说特别有价值，因此有一句话非常形象地总结归纳为"躁狂抑郁多才俊"，梵高、贝多芬、牛顿都是患有躁狂抑郁症的杰出人才。

解除焦虑、抑郁有很多心理学上的方法，比如理性情绪行为疗法等，也可以通过列举让你焦虑和抑郁的事情，一一分析、排除，改变自己的固定思维模式，自动思维模式，辨证方法，各种理性思维练习等方法来解除焦虑和抑郁。

要了解我们为什么会出现心理压力，彻底地缓解和治疗这些心理压力，需要了解我们的思维、意识和感觉来自于哪里？我们的情绪和感觉受哪些器官和物质的控制。

学会控制自己的意识和思维

我们的思维和意识来自于大脑，大脑指挥着人类的一切活动，正因为有大脑这样的硬件设备，人类才能成为真正意义上的人类。大脑的构造包括大脑皮质、前额叶、杏仁核、海马体、基底神经节，健康的大脑维系着我们健康的日常生活和行为，让我们拥有更多的能力和意愿。

人类的大脑又是可以被改造和改变的，很多研究表明大脑功能可以被不同的行为改善，而这些改善又能够反过来导致大脑自身结构的改变。大脑的改变有可能来自于创伤，也可能来自于运动、训练、上瘾的行为习惯乃至食物。大脑根据其不同区域活跃程度和功能的不同，会产生各种各样的情绪，比如大脑基底神经节被过度激活，人往往就会被充满压力的情景击垮而变得反应迟钝；如果大脑的深层边缘系统激活水平较低时，人会呈现出积极乐观的心理状态，如果过度激活的话，人很容易被激怒或者抑郁。脑部额叶受到伤害的病人意识会变得混乱，有时清醒有时模糊，刚刚发生的事情都记不住，性格也可能发生很大的改变。

如果睡眠时间不够，杏仁核对情绪影响会反应过度，杏仁核与前额叶区域的通信会被破坏，而前额叶又和逻辑思维有关，因此睡眠不足会阻碍大脑反馈信号，引发我们短暂的抑郁或者焦虑。如果我们缺少睡眠，大脑就没有办法对发生的事物产生有控制的恰当的反应。而连续的、良好的睡眠可以帮助我们恢复前额叶、杏仁核以及其他情绪中心之间的平衡，使我们可以重新获得对情绪平衡的控制权。良好的睡眠还可以让我们的大脑有机会重建一些物质的缓存，包括神经递质、神经生长因子等。

大脑结构的改变可以影响我们的思考和想法，乃至改变我们的性格。

如果说大脑是生理和心理功能的起点，那么"神经传导物质"则是整个人体系统中必不可少的物质。神经传导物质也称"神经递质"，大家之前可能对这些物质完全不了解，以为自己的焦虑和抑郁完全和性格、历练、修养有关系，而真实原因却是和神经递质有关。

四方性格之所以能把人归纳总结为四种性格类型，并能进行分析总结，就是源自于基因、大脑结构、分泌的激素水平和神经递质有关系，比如不同性格类型分泌的激素和神经递质不在同一个梯次里，所以会产生不同性格类型的人。

我们来了解一下几种主要的神经传导物质或者激素。

多巴胺

多巴胺是一种神经传导物质，在大脑的基底神经节出现，基底神经节主要负责处理恐惧的情绪，有了多巴胺，恐惧的感觉就变成了兴奋和开心。

因此每当我们想到一件快乐的事，回忆一段愉快的经历，或者当我们做善事、表达感激之情的时候，多巴胺就会分泌出来；还有很多人吸烟、吸毒上瘾都是因为增加了多巴胺的分泌，使上瘾者感到开心及兴奋。爱情来的时候，也会让我们产生大量多巴胺，多巴胺还能治疗抑郁症，因此很多治疗抑郁的药物都是靠改变多巴胺的分泌而缓解抑郁症状的。

血清素

血清素，学名 5- 羟色胺，是人体产生的一种神经传递物质，提高血清素的水平能帮助我们改善睡眠，让人镇静，减少急躁情绪，带来愉悦感和幸福感，带给我们快乐。

研究表明，当血清素含量低的时候，"理智"的大脑中额叶就难以控制"愤怒"的杏仁核，然后人会变得易怒，容易发脾气。这时我们应该多吃点大豆、鸡蛋和鸡肉等蛋白质含量高的食物，还可以多吃各种谷物、肉类和坚果等碳水化合物，这可以增加血清素的含量，帮助我们改善情绪。

催产素

催产素是一种哺乳动物激素，这可不是女人的专利，男女都会分泌。对女人而言，它能在分娩时引发子宫收缩，刺激乳汁分泌；当我们拥抱别人，拍拍别人的肩膀，抚摸自己或者别人脖子后的皮肤时，都可以促使催产素产生。催产素可以帮助我们在社交场合克服社交障碍，可以减少、舒缓压力和焦虑，还可以改善我们的记忆力。

恋爱期间我们分泌多巴胺，那么在相处 18 个月后，爱情慢慢消退的时候，多巴胺水平也会慢慢消减，而此时我们和爱人之间的亲密关系则会产生催产素，催产素让我们维系亲密关系，这也是婚姻家庭能够持续很长时间的秘密之一。

内啡肽

内啡肽，又名安多芬，是一种类吗啡的生物化学合成激素，跟吗啡、海洛因一样有止痛和带来欣快感的功效，等同于天然的镇痛剂。

当我们运动的时候，比如跑步、游泳、骑车或者打球的运动量超过一个阶段时，体内便会分泌内啡肽。内啡肽分泌时，身心就会处于轻松愉悦的状态中，睡眠质量也会改善，内腓肽可以帮助我们保持年轻快乐的状态。

肾上腺素

由人体分泌出的一种激素和神经传递物质。当人经历某些刺激，比如兴奋、恐惧、紧张时会分泌出这种化学物质，它能够提供大量氧气，让人呼吸加快，心跳与血液流动加速，瞳孔放大，为身体活动提供更多能量，使反应更加快速。

当杏仁核接受到信息，判断我们处于危险时，就会被激发并释放出包括肾上腺素等激素，肾上激素可以造成攻击性、恐惧、焦虑和抑郁的症状。

充分认识和了解大脑以及神经传递物质，可以帮助我们了解造成不同心理压力的生理性原因，并能够帮助我们获得崭新的认知。

打开头脑的牢笼，改变思维

我们都有过迷路的体验，这时如果可以看看地图，就能找到方向和目标。看地图是从空中俯瞰，这就相当于我们把自己所处的维度提高了，从原来的二维平面空间升维到三维立体空间了。"升维"可以让我们看到以前看不到、看不清或者不了解的东西，当我们可以升维思考的时候，很多问题往往迎刃而解。

现代医学让我们了解了大脑结构可以被改变，了解了激素和神经递质，以及激素水平如何被食物、睡眠、休息和心理状态所改变。我们会发现头脑中很多想法的产生其实是和自身的基因、大脑、身体状态和休息情况相关，而这些想法引发的结果反过来又可以改善大脑功能和激素分泌水平。我们会因为当天的身体状况差异或者激素分泌水平的高低，而对一件事有不同的感受和看法，随时都可能在变化之中。我们的头脑每天可能会产生很多想法，但是头脑会过滤掉很多，只保留我们逻辑上认为合理的思维，大脑其实是一个被过滤过的世界。

如果总是相信头脑中产生的每一个想法，我们就会受制于头脑，如果我们开始"升维"，站在一个更高的层次和维度上，就会看到"头脑在产生想法"。我们可以不再纠缠于大脑本身产生的这个想法本身，而是高于头脑层面去看这个想法。

我们便开始意识到："头脑中的想法并不等同于事实本身，也不等同于我们自己，头脑中的想法和念头可能只是大脑和激素分泌影响的结果。我们完全有能力打开大脑的大门，能够有意识地、成功地控制大脑。当意识到大脑是如何产生和影响思维时，我们便开始突破大脑的牢笼，真正获得自由。"

情绪来自于思维，思想引发情感，改变我们的想法就可以改变我们的情绪，因为情绪的所有方面都是大脑活动的结果，因此当我们的情绪体验来的时候，可以观察我们的想法，引导我们的情绪，而不是毫无节制或不假思索地宣泄情绪。

我们可以通过观察思维、运动、旅行、游学，读书和学习，或者有关呼吸，冥想，内观或者正念的各种方法，帮助我们重回到当下，重回内心宁静，同时创建一个稳定的神经系统，和正常的激素分泌水平，并让我们的大脑功能成长和恢复。

1. 观察我们的思维

当我们对当下的想法，感觉和环境产生觉知之后，可以用比较客观且不带有评判性的主观判断，以接纳的态度，开放的心态，观察我们的思想和情感，并且全盘接受。

我们便可以不再沉迷于因想法而引发的各种情绪之中，也可以不再对负面想法做出本能的反应或者陷在各种负面情绪中，而是可以冷静地观察思想的扭曲和谬误，以及思想对情绪和身体产生的影响。

（1）意识到想法会对我们的感觉和行为产生真实的影响

（2）注意观察消极思维如何影响我们的身体

如果我们的想法是消极的，比如焦虑、愤怒、或者悲伤，我们的大脑都会释放神经递质，使我们的身体感觉不适，并能激活我们大脑的某一部分区域。比如当我们焦虑的时候，一点点小事情都可能会导致我们的愤怒，应激反应会特别强烈，肌肉紧张，心跳加快，瞳孔放大等状况发生，我们的身体会对每一个消极的想法产生反应。

（3）注意观察积极思维如何影响我们的身体

如果我们的想法是积极的，快乐、愉悦、希望或者慈悲，大脑同样会释放出神经递质，让我们的身体产生愉悦的感觉，并让我们的大脑变得平静。大部分人快乐的时候，肌肉会放松，心跳也会减慢，呼吸平缓，我们的身体会对每一个积极的想法做出反应。

（4）注意观察我们的身体对每一个想法做出的反应

不管我们有没有说话，只要当我们的想法产生，身体上的反应几乎是同时会发生。我们的头脑会把我们的情绪状态转化成生理感受和躯体反应，因此测谎仪才得以正常运行。

（5）把不好的想法当成是污染

每一个消极的、不好的想法都是对我们身体的污染，如同空气中的雾霾对呼吸系统的伤害，消极的思维会持续地污染我们的大脑、身体和心灵。

（6）理解我们的自动思维并不一定是真实情况的反映

大部分人在没有学习有意识地观察和反省自己的想法时，都会有自动思维模式，当我们理解大脑和神经递质之后，我们意识到头脑中的想法和念头可能只是大脑和激素分泌相互影响的结果，即便想法是自动产生的，也不一定是真实的。

（7）观察到自动消极思维的产生

我们可以将自己的思维向积极的、充满希望的方向引导，也可以让思维变得消极而影响心情。当我们觉察到各种想法的存在，我们可以清醒地、有选择性地想一些好的事情让自己心情愉悦起来。

（8）检验和关闭自动消极思维

有一个消极思维没什么，如果有两三个消极思维就开始让我们有点烦，如果有十个二十个消极思维在头脑中，我们的生活就会被打乱，因此我们能够开始识别自动思维模式产生时，就应该提醒自己，关闭头脑的自动化思维模式，让它失去决策你的话语权。

观察我们的思维，需要对自己当下的每一个思维有觉察，需要我们活在当下，可以在做任何事情的时候对思维进行觉察，不管是运动还是冥想，或是日常中的工作，我们都可以带着觉察的心来投入到每一个当下。

2. 不要在意别人对你的看法

很多人在成长过程中都太在意别人的看法，尤其是年轻的时候，觉得每个人都在看自己，随着年龄的增长和有意识地调整，很多人开始学会不那么在意别人的看法。

在意别人的看法和评价，在四种性格中，狮子是最典型的，一些狮子型的人在做每件事之前都会想想别人会怎么看。猫头鹰也很在意，所以一直很追求完美。

其实你在意的别人是自己心里设想的别人，你为自己想象了很多审视你的人，包围着你，然后在这些假想的别人那里玩命地表现，不让自己有丝毫松懈。

其实真正的别人根本没有时间和精力关注你怎么样，就如同我们每天其实都在关心自己的事情和生活，我们不会特别多地关注别人一样。如同我们评价一棵树，我们说这棵树长得很不错，或者这棵树长得不好，其实我们无法改变这棵树的本来面目。同样，别人给了我们负面的评价，也丝毫不影响我们的本质，你给了别人负面的评价，也不会影响别人正常过日子。

停止担心别人对自己的看法，把你的思维、决定和目标都集中到你真正渴望的、真正对你重要的事情上。如果不能从在意别人的想法中解脱出来，我们就会一直生活在"别人的目标"的牢笼之中。

3. 运动和健身

没有比运动和健身更让人受益终生的了。运动能让我们保持健康的、年轻的、匀称的身体，还可以降低血压、血脂等肥胖引起的疾病。运动可以改变大脑结构，改造心智与智商，可以刺激脑干，提供能量、热情和动机，还能调节脑内神经递质，改变既定的自我概念，稳定情绪，增进学习力等。

当我们长时间连续性地长跑、游泳、越野、滑雪、骑车或者打球，深呼吸会把肌肉内的糖原用尽，只剩下氧气，这时我们的身体就会分泌内啡肽和其他各种神经递质，让我们保持快感和年轻。而瑜伽可以通过各种动作，矫正长期伏案工作造成的各种腰肩及背部疾病，提高身体韧带的柔韧性，促进血液和淋巴的流畅，调节神经系统，带给我们生理、心理、情感和精神方面各方面的改变，是一种可以帮助我们达到身体、心灵、精神和谐统一的运动方式。

运动的益处显而易见，是否能让一个人动起来，取决于每个人自己的选择。身体是我们此生唯一的载体，我们和身体的关系是一辈子最基本、也最重要的关系。如果连自己的身体都无法很好地平衡和把握，又如何平衡人生？

云办公团队在家里最适宜的几种运动模式包括跑步、游泳、瑜伽、HIIT 健身法等，同时也可以下载比如 Keep，硬派健身等 App 软件，可以督促自己独自完成每天 30 分钟到 1 个小时左右的运动量，坚持两个月就可以看到身体显著的变化。

4. 求助于专业人士

我们可以寻求专业的心理医生，他们有很多种方法和步骤来治疗这些有障碍性的情绪。心理学是门实证科学，通过实验或事实证明其正确的科学论断或概念，心理学的科学研究方法受自然科学的影响，强调实证的、定量化的程序。心理学分析造成焦虑和抑郁方面的思维模式，教你如何自我诊断，如何自我练习，改变思维习惯，培养新的思维模式等。

目前还有一些心灵成长工作室或者课程，通过积极心理学、正念疗法、NLP 课程、完形和萨提亚等方法，拓宽和突破固有的思维模式，帮助大家获得身心的成长，解决工作、生活、家庭等各方面的问题。

陷入焦虑和抑郁还有一个重要的特征是身体部分激素水平分泌的减少，很多抑郁症患者需要口服抑郁药物来调整自己的激素水平，进而影响大脑的运作，缓解情绪。因此当抑郁情况发生时，需要求助于专业的精神科医生，通过药物来缓解。

5. 通过食物调整情绪

在前面介绍神经递质的章节里，我们提到了一些可以刺激大脑分泌不同激素水平的食物，比如蔬菜、水果、鱼类、豆类和坚果等，富含蛋白质、碳水化合物的全麦面包，谷物等。大脑主要是由蛋白质和脂肪构成的，如果脑内营养物质不足，很容易引发各种心理问题。因此营养均衡的膳食习惯，可以让心情得以改善。

另外，咖啡因、甜食、可乐以及饮酒都可以消除疲劳，产生愉悦的感觉，比如很多人喜欢喝咖啡和茶，适量饮用这些饮料能够促进身体分泌多巴胺、去甲肾上腺素和肾上腺素，会让人感觉情绪饱满有干劲。如果过量饮用的话，效果会开始下降，记忆力会下降，血压上升。

还要注意容易上瘾的食物带给我们的影响，比如过多的可乐、甜食和酒精会让人体血糖水平快速升高，肾上腺素也会分泌，导致人易怒，体内分泌高血糖不仅能引发蛋白质发生化学反应，还会杀死神经细胞引发大脑炎症。身体为了降低血糖浓度，会分泌大量胰岛素，但是胰岛素不但能降高血糖，还能导致低血糖，而低血糖又会使大脑消耗大量能量，使大脑处于疲惫、焦虑、昏沉和紧张状态，从而产生压力。

食用后人体血糖值缓慢升高的食物称为低 GI（血糖生成指数）食物，而高 GI 食物是指食用后能让人体血糖值快速升高的食物，日常饮食中，要尽量选择低 GI 食物。

低 GI 的食物包括除了西瓜、枣、栗子之外的大部分水果，各种豆类蔬菜，除了土豆、胡萝卜、南瓜、玉米等各种蔬菜、全麦面包、五谷等；

高 GI 的食物除了上面提到的几种水果和蔬菜之外，还有白米饭、挂面、年糕、甜面包圈、精粉面包等。

6. 关注当下的呼吸

缓慢的、平静的呼吸是滋养内心的一种简单方法，保持在当下的呼吸可以平息应激反应、增强注意力，促进大脑的整合，改善睡眠，强化自我意识，呼吸是任何形式沉思和冥想的基础，它可以让我们达到最佳的关注状态。

从感受腹部的"呼吸"开始练习，一直练习到觉知到自己的每一次"呼吸"，每一瞬间的移动，每一丝意念与感觉，每一件与我们有关的事物，并在一瞬间招回涣散的心思，整合成一个奇迹。放松腹部，深沉缓慢地吸一口气，让腹部升起，胸部相对平静，把气深深地吸进肺部，然后缓缓地呼出气体，吐尽你身体的所有气，让腹部下沉。让空气充盈整个的肺部，激发身体的活力。关注呼吸的时候，可以睁开眼睛，也可以闭上眼睛。闭上眼睛不易受到干扰，容易进入寂静的状态。

当呼吸进入一种有规律的节奏中时，观察尽可能多的细节，空气吸入鼻孔，顺着喉咙往下流，最后进入到肺中，感受到它的清凉，我们可以关注到每一次吸气下沉时是什么样的感觉。呼气时，气息带着身体的一部分热量，感觉它的温度升高了，关注每一次呼吸中的每一个细节。如果你走神了也很正常，重新回到呼吸上来就可以了。

每天练习两次关注呼吸，每次 5 分钟，直到你能经常在做事的时候也可以关注到自己的呼吸，直到它变成非常自然的行为。只需要两个月的时间，就能强化前额叶皮质区域中产生积极情绪的部分，同时削弱产生消极情绪的部分。关注呼吸还可以让身体释放多巴胺和血清素，可以不断持续地积累，这些效果能够引发大脑持久的改变，这样当我们停止关注，思绪恢复平静的时候，便可以培养健康的思维和感知习惯。与自我意识、情绪控制和注意力有关的大脑回路则会变得更加强大。

7. 冥想和内观

很多人都通过冥想和内观达到心静的状态，内心稳定而平静，不是拒绝产生念头或者情绪，而是让念头和情感顺应自然。冥想可以帮助我们随时随地重建和谐的内心世界。这些方法佛家、道家几千年前就已经在使用了，后来西方的医学研究者和心理学家也把这些方法应用到了减压或者情绪障碍的治疗中。

我们来做一个"观烟"的练习，点燃一炷香，看着白烟袅袅升起，无形无际，升腾到一定高度便会无影无踪，不管刚刚升起时多么强烈，总归都会幻化为虚无。

当你开始冥想的时候，大脑中会不断地产生一个个想法或者念头，就像一缕缕升起的白烟。如果你能保持专注地、好奇地、慈悲地、清醒地观察你的每个想法，直到他们离开，不试图去分析每一个想法，也不和这些想法辩驳，或者纠结，不再相信它，否定它或者判断它。

你只要承认这个想法生起过，是你思想中的一个，一个小瞬间即可。一个思想只是一个想法而已，不代表我们自己，我们每天都有成千上万的想法，他们都会消失，而我们依然存在。允许头脑中的想法存在，不要和它们争吵和辩驳，所有的挣扎都会造成心力的损耗。让它们穿过你的头脑，让它们像烟一样随风去。

定期冥想可以改变大脑皮质的结构，增强前额皮层的活跃度，增加注意力和感觉加工有关脑区域的皮质厚度。前额皮层被很多科学家看作自我意识产生的地方。冥想练习会影响大脑如何处理情感，特别是对于大脑前额皮质，冥想练习增加了前额区域的活动，使得大脑加工积极情绪而控制消极情绪，这一效果甚至在没有冥想时也会持续。

冥想也能帮助形成新的大脑回路，哪怕每天进行少量的冥想也能对我们产生宁静的作用。用功能性磁共振成像扫描仪监控冥想初学者的大脑，会发现大脑活动变得有组织有条理，这是大脑处于平静和专注状态的迹象。

8. 聆听寂静

不管是关注当下的呼吸还是冥想，你都会感受到一些不同的东西。如果你还没有感受到过，或者不知道是什么，那么跟随我，此时放下你手里的书，闭上眼睛，吸气然后屏息几秒钟。

在那一瞬间，你静静聆听外面的声音，你可能会听到很多种声音，以前不曾注意过的声音。与外界的喧嚣相对应的是内心思想的噪杂，而外界的寂静则对应内心的宁静，当你能够略过声音，感受到外在的寂静时，请侧耳聆听，留意它，关注它。聆听寂静能够唤醒你内心宁静的乐土，真正的智慧在寂静中运行，只有保持宁静才能发现解决问题的方法。宁静是这个世界上唯一不具有形像的东西，事实上，它并不是一件东西，也不属于这个世界。

我们可以专注地倾听别人的话，可以激发你和别人共情，除了有助于理解和记忆之外，还能听出对方语调的变化，可以意识到对方潜藏的情绪，可以满足对方内心真正在乎和关心的东西，可以化解难以处理的局面。倾听就是对周遭的真相保持相当程度的敏感，一个好的倾听者是活在每一个当下的，他会留意眼前所发生的事，倾听就是去留意耳朵听到或者听不到的声音，一种超越语言的倾听。

9. 训练思维

我们可以训练思维，创造一些新记忆，来修复在过去的经历中我们认为自己所遭受的创伤，来修复由于我们的自动思维模式导致的、每当想起某件事情时我们的痛苦就会被激发的记忆。

比如你不愿意和最亲密的家人争吵伤害彼此，但是每当争吵的时候就忍不住，那我们可以先为头脑创造一个新的记忆："你又一次开始和自己的家人争吵，吵得不可开交时，你让自己抽离自己的身体，飞到天花板上，仿佛你已经离开这个世界，你只能看着他们两个——你自己，还有你最亲爱的人，看着他们在吵架……你清晰地知道当死亡让我们隔离的时候，你会失去你生命的一部分，于是你可以让自己停止说话，向对方眨眨眼，然后停止争吵，只是安静地陪伴。"当你每次要和家人争吵的时候，你就开始调用这段记忆，不停地反复地调用，直到它形成应激反应，形成你新的记忆。

你也可以在头脑中不断地练习和制造你想要的类似的情景和模式，创造一些非常感性的、充满着想象力和创造力的未来的记忆，让你变得更有行动力。然后在真正面对某件事，或者面对真实的情景时，排除头脑中的杂念，将头脑中训练过的思维变成现实。

比如当你和别人探讨未来的业务规划时，大家一起提出了很多设想和计划，你以前总是会自动地开始评估风险，自动的思维就会说"我们做不到"吧，然后开始出现畏难情绪。那么现在，你可以尝试训练你的思维，创造一种崭新的记忆："你想象它在未来的某一天一定会发生，你欣喜地迎接它的到来，没有质疑和否定，没有意外和偶然，你坚信它一定会发生，并且意志坚定地解决掉一切的困难。"每当你的头脑想说"我们做不到"的时候，你的头脑中自动调用这个新的记忆，反复调用，让它也形成你新的记忆。

我们可以用这样的方法，以高瞻远瞩的眼光，形象生动地设计我们要为之奋斗的、有价值的目标，设计好每一步应该采取的每一步措施，以及未来我们要达成的目标。

10. 神秘体验和觉醒

有的人在做呼吸、冥想、内观的过程中会经历自己的神秘体验。我曾在一个清晨在床上坐起来的时候，经历过这样的瞬间，我突然意识到头脑中所有的欲望、挣扎、痛苦都是头脑的体验，都是暂时的，都是来自于我的意识。神秘体验来临的时候，会在一个很短的瞬间中，让你感觉时间仿佛是停止的，仿佛进入无时空的状态，感受到自己和世界融为一体，世界仿佛是自己的延展；你会感觉你的意识就是宇宙的意识，念头遍处，万物显现，念头不在，万物寂灭。

你会在瞬间看清楚、意识到你所有的思想、感情、情绪，都缘起于你的一念之间。你曾经痴迷的、执拗的、认真的、放不下的所有的挣扎、纠结，都源于你的一念之间，都是你未曾完成的功课。你开始真真切切的知道，你的世界只和你自己有关，和他人毫无关系，你便不再会用以前的眼光看待你所存在的这个世界。

你将意识到任何经历和外在的目标都是转瞬即逝，认识到这个世界无法赋予你任何价值永恒的东西时，你会轻而易举地学会臣服，臣服之后，你会认可事物的短暂和不完美的本质。我们开始能够不再在欲望的挣扎之中，不再在此处设想彼处是什么样子，并开始臣服和接纳于当下的每一个瞬间，开始和周围所有不能调和的事情妥协，可以自然地、专注地投入到爱恨情仇喜怒哀乐之中，并开始顺应自然，顺势而为。

我们可以清晰地分辨出我们所处的内在状态，是清明状态还是有分裂的蒙蔽状态，我们可以分辨出情绪来自于哪里，是来自于我们的内在状态不够清明，还是来自于客观世界发生的事件，我们还是会有很多情绪，比如发脾气，我们清晰地知道为什么而发，我们可以控制好情绪，而不被情绪所控制。

很多人都在学佛、禅修和内观，可能还会遇到很多高僧。真正的高僧和普通人的区别在于，他们具有普通人不可企及的理性智慧；同时他们已经发现并活出自己的佛性，能够在想法升起的瞬间觉察到这些念头，且不沉迷于由念头引发的情绪当中，从而可以自由自在地，自然地安住在各种情感之中，不掺杂任何个人的执着。

这一生，你只能自己走这个旅程，
你无法向他人寻求爱和温暖；

你唯有向自己的内心找寻爱和温暖，

然后用满溢的温暖和爱分享给别人；

你不要找另外的那一半以求圆满，

你唯有向自己的内心寻求圆满；

你不要迁怒于任何外人和外物，

它们都只是你可以转变的心念；

你只能觉醒于你的头脑之间，

并让自己时刻活在当下；

你不要抱怨别人不能给你幸福，

你只能一个人担当起你独一无二的幸福。

11. 接纳享受与热诚

当我们的意识状态开始改变的时候，我们的行为可能会出现三种状态。

首先学会接纳，在接纳的状态下行动，意味着在平和之中行动，接纳是一种非常积极又有创造力的态度。如果我们对自己所做的事没有热诚，也没有办法接纳，那么这件事就可以不做。

如果我们能够开始享受所做的事情时，就不用等待有意义的事进入我们的生命，我们所享受的并不是所做的事情本身，而是内心深层次的感受，它会赋予我们能量。

热诚意味着我们对所做的事情有很深的享受，同时还有努力迈向的目标和愿景；热诚的行为本身可以改变我们的能量，所有伟大的成就都有热诚的倾注在里面。有了热诚，我们不必完全靠自己来做事，经久不衰的热诚会带来创造性能量的狂潮，而我们需要做的就是顺其自然和顺势而为。

12. 从有我到无我

我们的人生有两个目标，一个是外在的目标，一个是内在的目标。

我们一直都在路上奔波忙碌，或忙着养家糊口，或忙着成就一番事业，想要成为成功的创业者，成为名人，获得人生的荣誉地位，获得财富自由，这些都是我们的外在目标，我们每天都在做的事，是外在的行为。

在这个外在的目标之外，我们的人生还有一个内在的目标。内在的目标是我们内心和心灵的成长，能体验幸福和快乐，是让我们开心、快乐或者宁静的精神状态，让我们有勇气、热情、智慧来应对每天所面临的状况。

当我们达成外在目标，比如公司成功上市，或者月营业额流水过几千万时，我们会感觉良好，但是这样的愉悦感并不会持续太久。因为外在目标的达成所获得的内心幸福的感受都有适应期，小成绩的幸福适应期可能是几天，大成就的幸福适应期可能是半个月或者半年。

当我们的外在目标越来越多，我们想得到更大的成绩，更高的目标时，难度系数会越来越大，我们为此付出的努力、投入的精力、时间也就越多。这时，通过达成外在目标获得内心的愉悦和幸福感，就会变得越来越难。有时候，追求外在目标的实现甚至会妨碍我们内在目标的实现，阻碍我们体验幸福。

而内在目标的实现却只有一步，那就是让我们回到当下，深度投入到周围环境中。全情投入是可以调动起我们身体内部的激素分泌的最佳途径，是我们能体验到的最

愉悦、最满足和最有意义的情绪状态。

纵观我们每个人所处的生存环境，实际上我们每个人都同时置身于两个相互缠绕相互融合的两个世界中：一个是现实世界，一个是虚拟世界。

现实世界是由原子构成的，有体积有质量，虚拟世界是由比特（信息）构成的，无体积无质量。

两者的价值和财富创造规律是完全不同的，现实世界靠聚合来实现价值和财富，而虚拟世界靠分享和连接来实现价值和财富。

自从诞生了互联网，我们所生存的环境，权重渐渐由现实世界转移到虚拟世界，我们花在虚拟世界中的时间越来越多，每天沉浸在群组、朋友圈、微信、游戏、各种应用之中，一觉醒来，躺在床头打开智能手机，查看最新的好友信息、新闻八卦，上班途中，打开手机发信息、玩游戏，在工作中，不停地查看随时涌来的各种微信、QQ、微博信息，直到躺在床上，还要再看一会儿手机、玩一会儿游戏，这些就是虚拟世界成为我们生活工作主流的鲜活场景。

大量虚拟世界的信息和现实世界的稀缺同时向我们涌来，给我们造成的喜怒哀乐的程度比以往任何时代都来得深重，给我们带来了比以往更加严峻的困难和挑战。在这样的生存和成长环境中，我们无法逃避，只能选择置身其中，沉着应对。学会不以物喜、不以己悲，学会超然、超脱。

在中国的哲学中，存在两种基本形态，一种是以儒家为代表的强调社会关怀与道德义务的境界，用传统语言来区分，儒家主于"有"的境界，主张有所作为，体现了"与物同体"的有我。有我之境，以我观物，故物皆著我之色彩。

一种是佛家和道家为代表的注重内心宁静平和与超越自我的境界，主于"无"的境界，庄子、慧能体现了超然洒脱、无滞无阻的无我。禅宗认为最高的境界是"无我"的境界，在这种境界里，一切差别对立全部消失，人才能真正从烦恼中得到解脱。无我之境，以物观物，故不知何者为我，何者为物。

儒家崇尚"拿得起"，拿得起意味着自己对自己所做的事能够接纳、享受或者热诚地投入，全力以赴地完成，担当得起来。

佛家崇尚"放得下"，万事皆无常，放下贪嗔痴的执念和妄念，从欲望的挣扎之中解脱。

道家崇尚"想得开"，一切都顺其自然，不是按照计划行事，而是让事情自然地进行，最终归于无我的状态。

我们需要回到当下，重新回到享有愉悦、温暖、感受到爱，平衡好情绪的旅程中。我们将享受到最大限度的生命的深度和广度，内心的平静将主宰我们的生活，外界环境将不能再左右我们的快乐，我们将可以超脱欲求，实现真正的自由，实现从有我到无我的新境界，获得心灵的自由和解脱。

第七章

基因重塑，
打造有温度的企业文化

07

很多从腾讯或阿里离职的人再创业，腾讯的人一般主要负责产品，阿里的人则主要负责运营。大家公认腾讯的产品做得好，阿里的运营做得好。如果深究的话，其实是因为马化腾是猫头鹰，所以造就了腾讯的产品和技术文化；而马云是百灵，从而造就了阿里的运营文化，中国的大部分企业文化都是老板文化。

做一家云管理的企业，除了建平台、定规则、建管理模式之外，最重要的突破口是企业文化的打造，也是企业领导基因的改变。如果一个企业领导者的观念不改变，基因不改变，没有适合云办公的企业文化，就没有云办公生存的天空，企业还是飞不起来。

目前大多数企业的管理思维都是家长式的管理，通过各种方式监控员工。企业有很多监视员工的办法，有的企业禁止同事使用 QQ 或其他即时软件，有的企业掌控员工的每一台电脑，监控传送的数据和流量，有的企业会把电脑的 USB 接口封死，禁止从公司内部拷贝资料或者数据，还有企业会将所有员工的座位置于领导的位置前，方便领导监视员工的一举一动。

在同一个办公室，一起办公的同事都尚且让领导层缺乏安全感和信任感，更何况将账号、密码、数据、服务器等核心资源交给连面都没有见过的人来管理。领导层自然会质疑，人是否值得信任？给他自由他会不会滥用这份自由？

有游戏公司的 CEO 觉得打造这样有温度的企业文化是不可能的，即便在目前每天都监管很严格的情况下，还有人拷贝游戏的程序自己在外面开发游戏，或者利用游戏的漏洞为自己盈利，如果企业管理如此自由和信任，大家岂不是要翻了天了。

确实在目前的社会环境下，我们无法要求每个人都能够遵纪守法，我们也永远无法预料团队里的人是否会伤害企业的核心利益。无论哪种企业文化，无论在什么时代，都有可能出现利用企业弱点伤害企业利益的人，这是人性的弱点。

"害人之心不可有，防人之心不可无。"那么，作为企业的管理者，我们怎么打破这种现状呢？

改变管理思维，从处处限制到无为而治

如果我们改变不了世界，至少不要被世界改变。我们能做的是壮大自己，让我们变得不那么容易受到伤害。如果你相信个别人拷贝了你的程序，复制你的产品或游戏，他们就成长了，你就无法生存，那还不如早点让别人来领导你，通过更合理的分配机制达成共赢。

另外，就算你能禁止别人拷贝物理程序，但是你又如何控制别人的大脑呢？当程序和思想被牢牢记忆的时候，你又能如何控制别人？当年钱学森回国时，美国也百般阻挠，他们认为"钱学森无论走到哪里，都抵得上五个师的兵力"。美国海关

没收了他的行李，包括 800 公斤书籍和笔记本。但是他回国之后照样成为中国航天之父、导弹之父、自动化控制之父。所以这肯定不是个好办法。

每个人来到这个世界上都不取决于自己，而是取决于基因。我们吃饭、睡觉看上去是为了补充能量，其实是为了维持我们基因的秩序，如果不吃饭不睡觉，生命体就会出现问题，基因的秩序就会受到破坏，所以我们所做的一切，对于个体来讲，都是为了更好地传承自己的基因秩序。比如买东西和卖东西，卖家希望尽可能地价高一些，买家希望价格低一些，每个人都有自己的诉求，其实这是一种交换的关系。我们每个个体为了基因的传承，都要和别人交换资源。

如果我们能够慈悲地理解这一点，我们就不会用"善和恶"的二元论来定义人性，就不会简单地把人分成好人或者坏人，以我们有限的知识面认定为恶的东西，其实是没有对立面的善的一部分。也许用同理心，站在对方的角度上看，他们确实遇到了非常大的困难，比如家里有老人要养，有孩子刚出生，孩子上学需要买学区房等。我们也许会有更好的解决问题的方式，可以根据对方的能力有更好的分配机制和激励机制。

我们可以从以下几个方面尽量保证公司的系统和数据安全：1. 从法律上签订保密协议；2. 从管理上将产品和数字内容分级分块加密、授权管理；3. 隔离敏感数据库，确保数据安全性；4. 有条件的话在产品和数字内容上应用数字水印技术等。不过真正高效的管理，不是控制别人的时间，不是限定人身自由，不是禁止拷贝公司的程序，这些仅仅是一些基本规则。更高效的"管理"，是对人心的管理，是基于对人性的尊重。

追求人性化的管理

真正的管理，不是控制别人的时间，不是限定人身自由，不是禁止拷贝公司的程序，这些仅仅是一些基本规则，我们约定规则，遵守规则，但是纯粹依靠这些规则是比较低级的管理。

很多人才来到我们的企业和平台上，选择和我们一起开创新的事业，那么我们的平台给团队成员提供什么？我们应该如何管理团队？我们应该和大家一起创造一个平台，在平台上得到快速的成长，获得足够的薪水回报，同时让大家每天开心地工作，最后达成双赢。

因此一家企业要开始尝试云办公，让团队开始远离办公室，远离自己能够看到或者掌控的范围，就要给团队一个自由、尊重、信任、透明和开放的环境，为企业打造一种崭新的环境和企业文化，这种文化我们称之为"有温度"的企业文化。

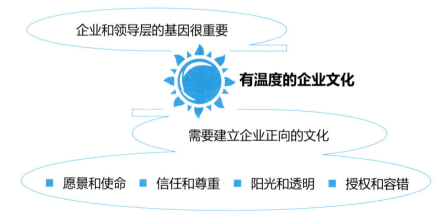

企业领导层基因重塑

领导层需要彻底理解互联网的开放、自由、平等和虚拟的思想，需要有上善若水的胸怀，需要在团队中建立信任、自由、快乐、好玩和有爱的企业文化。如果只是把公司结构硬性调整为扁平的样子，或者"扁平，去中心化"变成老板嘴里津津乐道的时髦名词，又或者只是把云办公当成是一种工具，那么企业将基本无法影响到远在千里之外的团队成员，他们游离于你的团队之外，成为团队中的边缘人或者透明人，也就更没有积极性、主动性可言。

改变领导层的基因是一件非常难的事，有一些性格类型的人很容易拥有这样的开放自由、上善若水的胸怀，但是有一些性格类型的人确实不容易做到。

人的性格不易改变，但是行为可以改善，你能从多大程度上改善自己的行为，就能让事业和理想走多远。

建立正向企业文化

越来越多的 95 后，00 后的年轻人走向职场，他们在相对富足的家庭中长大，因此他们不必承载上一辈的财富梦想，他们更多地来让自己比较舒服地生活，同时实现自己的梦想。而企业平台的主要任务就是帮助他们实现梦想中理性的那部分，那就是"理"想。

1. 愿景和使命

一家企业的愿景是公司对自身长远发展和终极目标的规划和描述，是开创性的目标或前瞻性的计划，是企业一段时期内的发展方向。为企业制订一个明确的、振奋人心的、可实现的愿景，对一家企业的长远发展来说，其重要性更为显著。

处于成长和发展阶段的小企业可能会将更多精力放在生存等方面，但即使这样，领导者也不能轻视愿景对凝聚团队成员以及在指引企业发展方向的重要性。对于已经发展壮大的成功企业而言，是否拥有一个美好的愿景，就成为了该企业能否从优秀迈向卓越的重中之重。

不是只有受资本和投资人追捧的企业、IPO 企业和大型企业才需要远大的目标和愿景。一家小而美的公司也不能忽视愿景对凝聚人心和指引方向的重要性，做一家能为他人助益，能为团队成员提供一份有尊严的工作，也是朴素的愿景，同样值得我们努力。

有些企业的愿景是做一款伟大的软件，让大家都能使用。或者做一家成功的公司，让大家都财富自由。这种企业愿景最终的目标是成功和获得财富自由，它能短时间满足部分人在部分时期的欲望，但是却无法触动心灵。用金钱、财富激发人斗志的企业，一旦没有了钱和财富，团队也就没有了兴趣、耐心、忠诚和热诚。

有很多企业的愿景可以让人感觉到温暖和力量，淘宝的企业愿景是"让天下没有难做的生意"，做美业上门服务的河狸家的愿景是致力于"让更多的手艺人更有尊严地工作"。

上方传奇孵化器的愿景是"帮助他人实现自己的创业理想"，帮助生态链的企业从 0 到 1，从无到有，从生存到持续，从普通到卓越。他们并不只是帮助那些拥有 BAT 背景、名校资历的高大上的团队，也帮助那些坚持自己的理想，卖了自己的房子和车，抵押了其他产业的优秀团队，为他们提供最切实的帮助和建议。

2. 信任和尊重

领导力是关于激励、鼓舞和影响的艺术，领导团队不在于管理事务，而在于培养人才，帮助团队成员全面地释放自己的才华，让大家追求有价值、有意义的目标。

信任和尊重是一家云办公企业最重要的企业精神。信任你的同事，信任你的下属，信任他们的敬业精神，信任他们会尽心尽力地发挥自己的价值，信任每个人都可以成为别人支撑系统的一部分。给他们提供强有力的指导和帮助，在他们取得成绩时给他们点赞，为他们提供不同职业生涯中需要的培训和指导。

很多领导层把员工当成实现财富自由的工具，自己则是企业团队的核心，没有对他人的激励和鼓舞，没有对员工的信任和尊重，没有对员工的欣赏，没有平等的思想，有的只是 KPI、打卡、360 度考核等冷冰冰的企业管理机制，大部分时间对员工采用训诫、批评和指责，以无情地压榨员工的热情、时间和精力来追逐公司的利润，唯恐员工还有剩余价值没有付出。

还有很多领导喜欢"事必躬亲"，在他们面前，员工做得永远都不够好，永远都有做得不到位的地方，每做一个方案都有可能被三番五次地批评和驳回，他们喜欢掌控每一件事的进展，指出每一个步骤，让员工照做，他们把团队成员当成是孩子一样，认为他们不具备独立承担任务的能力，长此以往，必然会禁锢团队的想象力、活力和能力。

挖掘团队成员的潜能，不要禁锢他们的才华，把企业变成一个培养和释放潜能的基地，给予团队成员充分的尊重，倾听团队的声音，尊重他们的个性，理解和包容每个年轻人在不同阶段所遇到的心理成长的问题。

3. 阳光和透明

阳光和透明是互联网赋予我们最大、最直接的好处之一。企业内部透明化和阳光化，合乎理性和道德，能提高企业运转的效率和效力。云办公的阳光和透明对各层级的领导者也提出了非常高的要求，包括领导者要以身作则，分享更多的信息，征求反面意见，勇于承认自己的错误，要求他人做到的，自己首先也要做到。

企业组织的阳光透明还会杜绝企业内部的腐败，环境力量和群体动态对决定人类的行为起着更大的作用。因此，要建立透明和阳光的环境和企业文化，让正直的人生存得更为容易，让心术不正的人越发艰难。

一个值得信赖和坦诚的领导者让人放心，他们对所有人讲的是同样的话，不会变来变去。有了这样的保证，下属就敢于承担风险，愿意付出更多努力，帮助领导人实现目标。建立互信关系需要长期坚持不懈，而其回报就是信息流动畅通无阻、阳光透明。

4. 授权和容错

云办公中的每个成员不是企业的传话筒，不是执行长官意识的工具，而是独立自主的决策执行层。我们要理解不同性格的同事对不同事情的反应，包容团队成员可能不如自己聪明和能干，允许团队成员做事的节奏和方法不同，只有不做事的人才不会犯错，多做事情的团队和员工一定会多犯错，包容他们在成长路上犯下的错误。给团队足够的资源和时间以及充分的授权，让他们可以独立自主地做决策。我们如果没有容错能力，对每一个犯错的同事都加以指责，不给大家时间学习和改变，那么团队就不敢做日常的决策，大家就会都不敢放手做事，团队也就无法得到锻炼和成长。

我的团队中有个狮子型性格的同事，性格鲜明、个性十足，刚来的 3 个月比较抵触做工作计划和任务清单，时不时会和搭配的同事产生摩擦，但是我们发现她很聪明，也珍惜公司的环境，没有过多责怪她，只是调整了和她搭配的团队成员，也给她时间慢慢改变和成长。大半年之后公司开年会，她自己总结说："我去年的时候被领导说是'油盐不进'，那时太坚持自我，抵触那些条条框框的任务清单和流程，觉得自己靠脑子完全可以。今年我有了很大的改变，发现每次出错的地方都是一样的，然后我就知道问题了，也看到了自己的不足。我也在尝试不断地突破自己的心理舒适区，去挑战以前不敢做的事。"

当然，在有温度的企业文化里，领导和团队成员也会有情绪郁闷和焦虑的时候，比如当事情进展不利，结果无法达到预期，下属的能力不足以担当重任的时候，也会发很大的脾气，会有针对性的批评和意见。

没有温度的企业文化和有温度的企业文化两者之间的不同是，前者没有意识到要给团队成员搭建什么样的企业环境和平台让团队成员成长，完全任由自己的性子来，想到哪里就说到哪里，想训谁就训谁，团队领导没有反省，没有自制和约束。

而后者即使会发脾气，也会清晰地知道为什么要发脾气？发完脾气之后要解决什么问题？解决到哪一步？会根据团队成员的承受能力来界定发脾气的分寸和时机，从而会引导团队成员突破自己的心理舒适区，勇于承担自己的责任，共同经历成长。

也许有温度的企业文化和云办公在当前的环境下很难有企业能做到，但是 90 后尤其是 95 后的年轻人为主力的未来企业，也就是未来的 5 ~ 10 年后，将会不断成为主流。

第八章

游戏化，让云管理有趣而高效

08

如果一项工作是被动、无趣、重复或者枯燥的，那么员工自然提不起兴致，更别说全力以赴了。不管是云办公企业还是传统企业，如果大家每天的工作任务都是被逼无奈且枯燥无味，就没有办法让团队成员全力以赴地投入日常的工作中。而做好玩的、有趣的事，或者玩游戏都能够充分激活人体中与快乐相关的所有神经系统，刺激我们的激素分泌，增加神经传导物质，让我们感觉更愉悦、更开心。

游戏有智力游戏和活动性游戏之分，以直接获得快乐为主要目的，而且需要有主体参与互动的活动。游戏有两个最基本的特性：

1. 以直接获得快感为主要目的，包括生理的快感和心理的愉悦；
2. 主体参与互动。主体参与互动是指主体动作、语言、表情等变化，与获得快感的刺激方式及刺激程度有直接联系。

在这一章里所说的游戏通常指基于各种平台开发的电子游戏，包括移动游戏（手游）、电脑客户端游戏（端游）、电脑网页游戏（页游）、智能平台游戏（TV 游戏，电视盒子游戏）以及虚拟现实和增强现实游戏等。

游戏设计师 Marc LeBlanc 曾经提出过游戏能给我们带来八种快乐。

1. 感动。感动的快乐需要调用感觉。当我们看到某种美好的东西，能感受到感动的快乐。

2. 幻想。这是想象中的世界带来的快乐，也是想象自己成为不可能成为的事物的快乐。

3. 叙事。叙事的快乐，指的是一系列事件戏剧性展开的过程。

4. 挑战。在某种意义上，挑战可以看成是游戏玩法中核心的快乐，因为每个游戏的核心都是一个等待解决的问题。对某些玩家来说光有这种快乐就足够了。

5. 伙伴关系。这里指的是在友情、协作和社区中发生的所有让人愉快的事。这对某些玩家来说无疑是最主要的吸引点。

6. 发现。发现的快乐很广：任何时候当你追寻和找到一种新事物时，都是一种发现。有时这是你对游戏世界的探索，有时是对某个隐藏特性或者某种聪明策略的发现。

7. 表达。这是表达你自己以及创造新事物的快乐。游戏让玩家设计自己的角色，建造和分享自己的关卡。对一些玩家来说，这可能正是他们玩这个游戏的理由。

8. 服从。离开真实的世界，进入到一个全新的、更让人愉快的、充满规则和有意义的虚拟世界。

在游戏中，胜利往往终结乐趣，而失败则会维持乐趣。只要失败有趣，玩家就会继续尝试，并保持最终成功的希望。如果我们能为失败所激发，说不定能坚持更长时间、做更艰巨的工作、处理更复杂的挑战。这种从游戏中产生的虚拟世界的意义，可以通过移情作用反哺现实，使玩家能够实现性格的塑造和自我成长，从而在现实中也能感受到这种意义带来的积极作用。

上方所处的行业正好是移动互联网、移动游戏行业，移动游戏是移动互联网领域盈利模式最清晰的一个垂直领域，因此我们长期以来接触了大量从事移动游戏行业的从业者。移动游戏行业开发了大量设计精良的游戏，包括各种角色扮演类、策略类、经营类、卡牌类、棋牌类、休闲竞技和其他游戏。很多优秀的移动游戏都设计了强大的奖励体系和成长系统，它的反馈体系又强又直接，影响明显而生动。对很多不喜欢自己的日常工作，觉得它没有什么直接影响的人而言，游戏里的工作提供了真正的奖励和满足感。设计精良的大型游戏需要了解音乐、建筑学、电影、科学、绘画、文学作品以及任何来自大自然中的原理、方法等，它是激发人类内心潜力的导火索，能够挖掘乐趣带来的巨大精神力量。

用兴趣激发高效工作

2007 年云办公全面启用时，我们建立了一些公司内部非常好玩、人性、有趣又高效的管理规则，它们像游戏一样充满了人性化，同时又可以激励团队成员快乐地工作，云办公的游戏化将公司内部管理靠利益驱动为主变成以兴趣驱动为主，利益驱动为辅的模式。

工作和游戏的区别在于是否有自由的心态，越是强制去做的事就越是工作，越是不强制去做的事就越像个游戏。这是关于游戏不变的规则，不管是谁在玩，都是自由自在地玩。

如果一件事是我们想要做的，我们就会产生选择，选择之后就会产生承诺；如果一件事是我们应该做的，我们就会产生决定，决定之后很容易产生牺牲自己的感觉。所以把工作本身变成一种游戏，就是很高的智慧。

1. 请假的规则

当团队成员需要请假时，在其所在的基础群组里说明理由、时间和天数，征得群组团队成员的同意，如果超过 2/3 的团队成员给我们一个拥抱，即绿色的小人👤，那么请假则被批准。

如果给我们拥抱的人数没有超过 2/3，那么我们再次解释请假的原因，如果请假理由充分，大家会继续支持。如果大家都不响应，团队领导会有一票同意权，根据情况决定员工是否可以直接请假。如果请假理由不充分，虽然这次请到假了，但是下次请假的时候可能就会很慎重。

在这里一个绿色的拥抱👤可以是一个默许，也可以代表一个分数，可能是 5 分，也可能是 4 分。一个人在完成任务过程中的表现如何，在团队中是不是必不可少的成员，每个成员都有目共睹。他们会用一个拥抱告诉你，你在团队中是必不可少和受到尊重的。如果一个人在任务完成过程中，没有全力以赴，没有和大家共同努力完成任务，就会成为团队组织里的边缘人、透明人，自愿参与变成被动参与，那么很容易就会被团队慢慢淘汰掉。

这样游戏化的请假制度避免了很多跟领导请示汇报的环节，简单高效，也极大地节约了大家的时间。

2. 签到的规则

上方云办公的同事，东边有在山东烟台和青岛的，西边有远在新疆的，地域性的差异导致大家的上班时间有的从 8 点开始，有的从 9 点或 10 点开始。每天早上 8 点上方航母就开始签到了。

签到的办法是航母群发问候或者图片，可以是随手发的周围照片，可以是自己喜欢的照片、视频，也可以讲一个特别逗的笑话，或者给大家发红包。每月评选出一个最吸引人的打卡内容为"最佳签到图片奖"，并发放惊喜奖品，奖品不固定，可以为瑜伽垫、小的运动器材、有趣的办公用品、小的游戏机或是游戏玩具等。

　　每个人早上都可以分享自己的生活，可能是送孩子的一个背影，可能是一盆陪伴自己工作的栀子花，可能是家里养的狗，也可能是自己最喜欢的一排公仔，每天都能看到各位同事的状态，感知到他们的喜怒哀乐。每个清晨都是有温度的清晨，每张图片都是活在当下的片段，每段文字都是一段流动的思想，每一个签到都开启了崭新的一天。

　　3. 办公室迟到的规则
　　部分团队成员喜欢在公司办公，和其他公司的线下办公室一样，办公室为他们建立了好玩的迟到规则。

第一位迟到同事上交 50 元，第二位迟到同事上交 70 元，以此类推，作为团队共享费用。这些费用可以请客吃饭买零食，可以买日常所需的日用品，可以买运动器材等，这些上交的团队共享费用都会被用于团队的日常开销，公司不做任何参与。如果遇到不可抗力条件下出现的迟到情况，团队成员也会充分体谅。

这样的迟到规则相对公平，它让大家遵守基本的迟到制度，同时也为不得已的迟到提供了容错的空间。它不指责谁，也不在公司内部造成压迫和反抗，和其他规则一样，是构成有温度企业文化的一部分。

4. 点赞和鼓励

微信朋友圈让很多人学会了点赞，我们或者为某个人点赞，或者为我们欣赏的想法、文章和分享点赞。也因为给别人点赞，我们收获了美好、快乐和愉悦的心情，我们得到了别人的赞，感觉受到了重视、鼓舞和关注。

给别人赞美、鼓励本来是件免费的事情，可是很多人没办法给别人赞美，是因为很多人感觉自己内心是匮乏的，觉得自己需要别人的爱，内心没有足够丰满的爱，也就没有足够的力量和热情给别人赞美和鼓励。

云办公中，团队成员比较容易感觉内在状态的平和和从容。当我们有创意和想法产生的时候，或者有不错的成绩时，我们会在群组里开诚布公地告诉别人我们的想法和成绩，就会得到很多团队成员由衷的欣赏、赞美，一般的情况会竖起大拇指👍，值得特别欣赏和支持的，可能有更丰富的图片或者表情。每个人的赞美和鼓励都会让我们的内心变得有爱，更加真诚而自然，给予别人赞美、鼓励的同时，我们也会收获更好的心情。

上方在推动云管理的同时，建立起这些好玩的规则，极大地帮助团队成员充分自制和自律，成为真正的自组织系统。他充分尊重和信任每一个人，当我们的环境和文化视每一个人为可以独立担当的人的时候，我们的成员自然会真正成为勇于担当的人。以上这些都是始于 2007 年的，比较简单的游戏化规则，没有形成自动的游戏化管理软件。

游戏化办公的四大原则

云办公游戏化设计的根本就是让工作变得好玩，有趣，让团队成员在完成工作的过程中能够全情投入、活在当下，让我们在工作中就可以让身体产生激素，让我们感觉愉悦。

云管理游戏化设计的原则包括四个方面：

1. 明确目标：设定团队成员要达成的具体结果或者目标。

2. 建立规则：为团队成员如何实现目标做出限制，并得到大家的认同。它消除和限制了达成目标能做或者不能做的事。规则得到大家的认同很重要，只有规则得以遵守，游戏才能继续。

3. 评价系统：评价系统也是反馈系统，包括评级、评分、奖励、级别、进度条或者点数等直观的表示。它实时地体现了大家在游戏任务过程中的表现，以及距离我们的目标有多远。它让我们得到一种承诺，目标是绝对可以达到的，只要我们继续努力，给了大家一种继续玩下去的动力。

4. 自愿参与：所有参与其中的团队成员都要了解并接受这样的目标、规则和评价体系，自愿参与其中，如果不愿意参与可以退出。给团队成员选择参与和离开的自由。

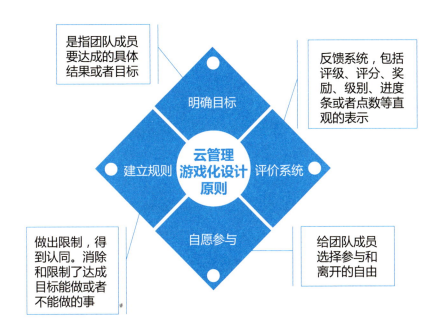

我们经营企业的目标，长远地看，是我们之前提过的企业愿景，近期看，是我们要达成的短期目标，富含情怀的企业愿景，富含吸引力的工作目标可以激励心灵，鼓舞人心。

云管理游戏化的团队成员每天的工作就像登录游戏打怪、升级、闯关，每天的工作都富含挑战性，充满了变化，这些都是游戏里的日常任务，而每个成员都需要与其他小伙伴组队闯关获取奖励，面临各种突如其来的变化，不断接近目标，取得成就。

只有满怀热情、真情实意、积极向前冲、不断地挑战游戏设置的障碍的成员才能成为团队的明星，甚至成为队长。它让每个人都有机会表现自己的能力、热情、才华和领导力，并能够帮助和带领大家最终完成任务。同时系统给予每个人以及时的反馈、评价，让我们能够得到应有的奖励，而自我奖励是可以让我们不断获得幸福感受。

把工作本身变成一种奖励

云办公游戏化，可以以此类推到很多方面，比如开始有企业采用新的奖金奖励机制。

薪酬制度游戏化：有企业在尝试企业薪酬制度游戏化，用真正的游戏里的等级制度定义企业内部团队成员的薪酬体系，用外在的物质奖励团队成员。

竞争激励游戏化：还有企业每月给每个团队成员发放 200 元奖励券，奖励券只能奖励优秀突出的其他团队成员，不能奖励给自己，每个月结束得到奖励券的团队成员可以到财务部门领取奖金。

获得金钱上的奖励可以帮助人们享受一些无聊的活动，可以帮助人们处理枯燥、重复、单调的工作时获得积极的行为效果。这样的奖励机制适用于本质上并不那么好玩的活动上，金钱的激励机制可用，但不能常用。因为过不了多久，大家就会开始觉得奖励是理所当然的，当奖励被视为理所当然时，我们的大脑就会把这样的奖励看做是一种沉没利益，只能为我们带来微不足道的乐趣了。工作就变成不值得去做了，而外在的回报就成为越来越差的替代品。

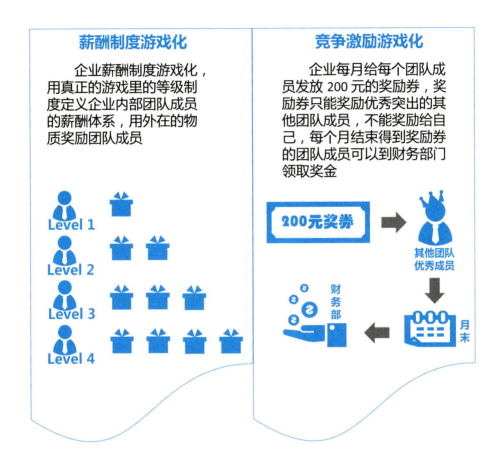

　　游戏本身就是一种奖励，你能给大家提供一个有趣的工作而不是枯燥的工作本身就是一种奖励。游戏化不是为公司的管理做"抛光"处理，或者给传统的奖励制度包上闪亮的外衣，有时这么做不但不会产生附加价值，甚至可能让事情变得糟糕。游戏化管理不等于金钱奖励，即使这种奖励很有趣很好玩。金钱这种外在动机会排挤我们的内在动机，因此不能盲目的把外在动机附着在内在动机上，它只能让团队不再那么努力，进而降低工作质量，金钱奖励只能是一个辅助条件。

创造让用户快乐的产品

为了让团队成员能够继续快乐地工作，除了云办公要游戏化之外，有必要让团队多做好玩的事，多设计好玩的产品，多给客户和用户带来愉悦的个性化体验，尤其是当我们的客户都是 80 后、90 后乃至 00 后，年轻的客户群体将更看重个性化、交互性和好玩的体验。未来的一切商业都将是娱乐业，我们需要为客户和用户创造出快乐的产品和服务，并将游戏化的乐趣植入到各行各业。

比如在教育行业里，我们可以用游戏化的方式学习汉字、数学，小朋友可以一起组队学习英语，打英语的怪物，目前已经有越来越多的游戏产品是基于儿童教育方面的益智类游戏。虽然目前我们的教育环境还没有游戏化，但是等到 95 后到 00 后的年轻人开始创业，设计产品和服务时，都将基于游戏化的环境设计产品，更小的孩子们在游戏化的环境中学习和成长。

比如海底捞也在设计游戏化产品和服务，海底捞在 2015 年 7 月底发布了"海海游戏平台"。成立了一个单独的游戏创业公司。目的是为了让大家在等待的时候一块比赛一场游戏，比赛结束后会有现场的奖励。如第一名奖励 50 块钱的菜，虽然奖励不是很多，但是是打游戏赢来的。据悉，海底捞在北京的一些门店做了测试，发现 15 ~ 35 岁的人，80% 的人在等位的时候都会加入海底捞游戏。

以此为出发点，海底捞就会通过海海游戏平台这种方式，增强用户黏性，拉动业务增长。根据海底捞统计，有 50% 的顾客离开店以后，还会在平台上参与游戏，这样就会和商家有一个连续的互动。如果商家有打折、新品推介，就设置到奖励中，顾客赢到这个奖励比直接送给他效果强很多。

比如滴滴打车。2015 年 5 月 5 日滴滴打车游戏中心上线，无需下载，点开即玩，为此滴滴公司准备了 10 万元出租车券。大体规则是，安卓滴滴用户只需用 10～30 分钟的时间动动手指，达到 25 级，便可领取最高 5 元的出租车券；用 1～3 天的时间称霸 50 级，更可获得最高 8 元的出租车券。此外，还有抽取 iPhone 6 或者特别奖品——"纯银纪念币"的机会。

微信红包也是一个非常成功和典型的游戏化案例，它对于使用微信红包的用户来说，创造了极大的乐趣，而通过为用户创造乐趣，达成分红包的过程中，帮助微信实现了更多的现实指标，完成了支付宝用了多年时间才完成的目标。

微信的同学创造了红包系统，让支付宝的同学大吃一惊。但是其实阿里早在很多年前也已经开始了自己的游戏化系统，最直观的就是淘宝网站的信用评价体系。淘宝没有直接管理过一家店铺，但是却设计了一套好玩的有趣的规则，让每个买家自己管理店铺。淘宝有一套非常完整的信用评价体系，包括卖家的店铺评分、卖家信用等级、好评率、信用度、宝贝印象；还包括了买家评分体系、信用体系。淘宝采用的这些信用系统让每个买家购物之后可以像玩游戏一样的，及时给卖家以评价，好评或者差评，5 分或者 4 分；而这些评价体系又成为其他买家评估一家店铺最直观的标准。

用很游戏化的思维来设计产品，让商业行为具有吸引力和竞争力，目的是为了获得更好的营销效果，提高用户的参与度、认同度，增加用户使用产品的黏着度、满意度和忠诚度，让用户或者客户感受好玩和快乐。

为客户创造快乐的产品和服务，这里需要遵守几个原则：

1. 明确商业目标

清晰地列明你想要达到的潜在目标，每个目标都尽可能地精确。但并不是所有的产品设计游戏化的目标都是为了直接刺激销售额，很有可能是为了吸引更多的用户关注，先成为粉丝，再成为客户。

为目标进行排序，紧急且重要的目标最优，其次是紧急且不重要的，重要且不紧急的，最后是不重要也不紧急的。

删除不切实际的目标，尽量的贴合实际，别太过发散。否则在实现目标的过程中，我们会需要大量的成本来支撑我们的目标。

2. 建立数据指标

在一个移动游戏体系中，我们会关注以下一些数据，每个付费用户平均收益、每日 / 每月用户活跃度、次日留存率、七日留存率、三十日留存率、付费率等。

在产品设计游戏化的过程中，每个数据库的后台，用户的每个行为都可以被记录下来，我们需要根据用户的行为，建立我们的数据模型，确立可以将用户的行为转化为量化结果的指标。数据分析可以衡量你所建立的系统关键指标的算法和数据是否合理，根据大量的用户行为总结数据，衡量每项服务或内容的有效率、成功率。如何选取恰当的数据指标进行衡量，取决于我们想要达到的商业目标。

比如某咖啡厅，每天来的客户都是线下的客人，没有任何数据可留存，那么我们可以采用让用户玩花园的游戏，或者微信点餐获得奖励等游戏系统。通过精灵游戏，借此建立我们的数据库，借此可以了解每个用户的用餐习惯，用户喜欢喝咖啡还是喝茶？平均每次消费水平，来咖啡馆的次数等，这个数据体系和大型联网游戏的数据是类似的。

游戏系统如果加入社交元素，那么就可以让来到咖啡厅的每个人相互沟通和交流，形成新的社区，大家可以相互分享在花园举办的各种活动，如二次元、油画、摄影、读书和吉他活动等。

3. 区分用户类型

当我们建立了数据指标和数据库之后，就需要对我们的数据和用户进行分析、归类、总结。

哪些用户对你的服务感兴趣？他们为什么来？分析用户的潜在动机，是用户的内在动机，还是外在动机？通过这些分析，你能了解哪些激励因素对你的客户是有效的。

在角色扮演类的网络游戏中，我们让用户自己选择扮演不同的角色，不同的角色对应着不同的奖励体系和成就系统。你也需要为你的用户针对性地设计一套游戏化系统。

四种性格体系，提到了不同的性格人群成为客户时他们关注的重点。

狮子型的客户关注事情本身，直接说明问题，关注完成，关注成就，关注What。

百灵型的客户关注谁和我一样？关注其他人、关注氛围，关注人性化的体验，关注新奇的体验。他们在乎对他的重视，喜欢降价服务较大的优惠或者福利，关注Who？

海豚型的客户关注怎么样实现，关注是否和我交朋友，关注How。

猫头鹰型的客户关注为什么这样？关注细节，关注数据，追求极致和完美，对于降价幅度较大的服务非常谨慎，关注Why。

当然我们也可以不用性格类型给他们进行分类，可以根据对方的社会地位、收入情况、职位、行为和付费习惯，乃至年龄层给用户建立不用的数据分析模型。

用户关注的内容和体验可能会发生变化，尽量根据不同的用户需求提供他们想要的选择。总之针对性地对你的用户进行分类总结，设计出适合这一类型的用户需求，不断地提供吸引用户的兴奋点，最大限度地吸引用户，才能够最终帮我们达成最后的商业目标。

不同类型的用户喜好是不同的，为他们设计的兴趣点也可以是不同的，最好的系统可以为用户提供一个比较宽范围的选择，既为用户提供不同的服务，也为用户提供不同的乐趣。

4. 建立反馈体系

建立反馈体系，包括及时的回应、奖励机制，都是为了激励用户将游戏进行下去，用户的每种行为都有其动机产生，我们对此要有相应的反馈，比如获得积分，获得小甜点、进度条、点数、等级、成就或者排行榜等，而这种反馈又会反过来刺激用户采取进一步的行动。这里的关键因素是反馈，反馈和动机一样，是使游戏化提醒有效的关键环节，在好的游戏中，用户行为立即就可以产生可见的反馈。

游戏化思维，赋予企业更大价值

前文列举的几个例子都是一些如何把营销手段做的更好玩，更吸引用户，更游戏化，但是这些都只是很简单的表现方式，如果真正要想获得商业上的成功，仅仅停留在表面的好玩，或者仅仅让团队成员做一些简单的创造性工作，显然还比较初级，我们需要更深层次的探究，如何在游戏的过程中，把商业和企业做成功，让团队获得来自市场的成就感，并获得更大的社会价值。

互联网时代基本可以总结为两种付费模式，一种是广告类的，包括各种形式的软文、软广、植入等；另外一种是电商类的，包括购买实物或者虚拟产品或者虚拟道具。而电子游戏就是采用第二种付费模式，通过玩家用户购买虚拟货币的方式为游戏充值付费。

且不说过去 10 年端游和页游庞大的市场，移动游戏产业在过去的 3 年时间里，从 2013 年的 200 多亿，发展到 2014 年的 300 亿，以及 2015 年可以预见的 400 多亿，成长如此快速的原因在于，优秀的游戏设计了强大的奖励体系和成长系统，它的反馈体系来得又强又直接，影响明显而生动。

游戏有游戏机制、故事设定、美学表现和技术实现等四个重要元素，更主要的是运用了游戏机制这部分。在游戏机制中最重要的几个关键是数值、规则和玩法。

（1）数值：核心作用包括成长感、积累感以及与玩法结合的轻重取舍。我们通过对每一件事物进行量化的数值设定，让用户的收益与付出都有相应的数值。而后通过之后要说到的规则，来将诸多原本无法量化的事务数值化；这样，每个人都将对这件事物有一个具象而不是抽象的认识，从而在过程中产生成长的快感。

积累感并不仅仅代表了用户可以将前面我们所说的数值累积起来。积累感的核心是继承，甚至是传承。比如游戏里装备可以通过一些规则设定来不断地继承，这样用户对于自己所投入的每一秒时间、每一分钱都有十足的安全感；这是积累感的核心。

（2）规则：一个合格的游戏设计师，会对整个游戏世界进行规则设定。设计师们通过规则来让用户感受到自己与世界的存在感。也正是通过设定规则，来让这个世界中的万物按照一定的准则运行。在游戏中，规则表象上是带给用户乐趣，但实则确实让用户通过规则来产生对这个游戏的归属甚至热爱。有些游戏规则可以被延续上百年，比如：围棋、象棋、麻将等。成长和积累的乐趣都来自于规则。一旦有了规则，用户就会对付出与所其得到进行判定，从而做出决策。

（3）玩法：因用户的不同而大不相同。比较常见的有：手机玩法、养成玩法、模拟经营玩法、探索玩法等。回到玩法和规则的设定，可能需要对不同人群做不同的设定。有些设计师可以做出适应两类用户的规则和玩法。所以在这里设定的时候还需要因人而异。这就是我所说的没有规律可循。这也正是做游戏的乐趣。让我们习惯用不可控的方式，消除恐惧感，放下控制欲，去打造一个可能伟大亦可能渺小的作品。

我们不妨设想一下，如果用设计大型游戏产品的思路和理念，来指导设计互联网＋或者传统的产品和数据，设计我们的用户付费点，让用户产生购买产品的欲望，让我们的产品像游戏一样让用户迷恋，那应该是以下的步骤和内容。

1. 游戏产品定位——确定目标用户群体，从细分领域寻求突破

选择做哪个领域的产品和游戏产品定位一样重要，这决定了我们选择谁作为我们的目标用户群体，哪些是我们可以生存的市场空间？需要根据自己的资源、能力和资金情况，选择适合自己的蓝海，资源少、资金少的创业公司从细分领域入手容易突破。

2. 游戏 IP 选择——基于用户的共性粉丝群体匹配

在确定产品目标用户后，选择一个高匹配度、高黏性的 IP（Intellectual

Property right 的缩写，意思是知识产权）产品进行匹配合作可以快速、准确、有效地将巨量粉丝转化为巨量用户。这种广义的 IP 移植是粉丝经济的重要组成部分，两种具有共同用户群体或者粉丝群体的产品相互植入、导入即会产生 1+1>2 的效果，通过不同产品的矩阵式匹配可以倍增用户的同时，从"生态圈"的角度提高用户黏性。

3. 游戏玩法创新——竞品差异化优势分析下的产品技术创新

游戏机制是游戏中核心的一部分，在游戏里需要对玩法、对机制有创新，才能吸引到新的用户进来。你的产品和其他竞争对手有什么不同？有什么优势和创新？在同类的产品中，用户为什么会选择你的产品？正如前面提过的一样，游戏机制包括数值、规则和玩法几个重要内容，它往往是游戏成败的关键。

4. 游戏产品架构——产品结构的完整性以及合理性

产品结构的完整性不应该只局限于产品本身，而应该延伸至销售、服务、售后等一系列产品相关的内容。比如，游戏通过画面吸引用户关注，通过核心玩法促成转化，新手引导降低用户了解产品的难度，活动促成付费用户转化，社交及交易系统则可以保证用户的后续黏性，同时通过 C2C 向新用户推广产品等。对于其他企业的产品来说，一套能够完成从用户吸引、识别、转化到再付费、扩散传播过程的结构才能称为合理且完整的。

5. 游戏运营——通过合理有效的环节及活动促成用户转化、付费转化

我们在什么样的环节设计付费？需要开展什么样的活动让用户乐于付费？免费的用户为什么愿意为服务付费？有多少免费用户可以转化为付费用户？这是产品运营中的重要一部分，它决定了你的产品是否具备独立造血功能。一款付费率和转化率不高的游戏在市场上是没有生存空间的，同样，一款用户不愿意付费的产品和软件，

即使得到投资人的青睐，也依然是不成功的产品。

6. 用户引导——引导客户了解产品、使用产品并促成交易

用户进入我们的产品之后，要有良好的引导体验，让用户清晰准确地了解我们产品的创新点，让用户愿意在产品里玩下去。用户引导做得好，产品的次日留存率和七日留存率就高，留存率高，最终可能产生付费行为的用户概率就高。

7. 游戏寿命——如何提升产品耐用度以及促使用户重复购买

设计的产品的生命周期是多长？用户会不会经常地重新性使用和重复性购买？我们每人手机上大量的 APP 有哪些经常被打开？哪些下载了就基本没有用过？这都是产品使用的耐用度问题。

8. 游戏迭代开发——在已有产品的基础上开发新产品，承接已有用户群体

游戏产品的迭代开发可以看成是一种粉丝运营，即粉丝的复用转化。每一款产品都会经历由盛转衰的过程，对于产品寿命相对较短的游戏产来说更为明显。那么在每次产品推广过程中我们都需要不断投入新的成本，然而老产品的用户则白白流失掉了。游戏企业自端游时代便已经开始用迭代开发的方式，来承接前代产品用户，从而降低获取新用户的成本。此外迭代开发还可通过一代一代产品不断提升产品 IP 粉丝的黏性，甚至衍生出了诸如动画、电影、玩具等营利渠道。

9. 游戏移植——将已有产品经过适应性调整应用于新的领域和市场

移植是游戏企业在老产品复用方面的有一种方式，由于信息服务基于平台，那么随着科技的发展，用户所使用的平台也在不断地发生变化。用户在平台间迁徙是一种颠覆式的市场变革，但对于粉丝经济来说平台界线却是十分模糊的。于是，游

戏企业通过跨平台移植产品来迎合粉丝迁徙。这种概念适用于任何一个领域，如电商等概念便是从实体平台移植虚拟平台的典型案例。

这 9 个步骤，基本上是我们设计一款产品，尤其是互联网产品和服务的完整流程，游戏化原则将帮助我们建立整套的产品体系，从定位，到机制，到规则，它提供给我们的更是一套世界观、价值观和方法论，它是虚拟世界与现实世界的完美结合。

建议创业者在选择创业时，也可以按这个思路理顺你的产品设计，看看能不能说服自己，如果你能说服自己，那就看看能不能说服别人，你能说服的人越多，和你一起打造新事业的团队成员也就越多。你要如何创新于这个新的时代，不妨试试按照游戏设计思路来做产品吧！

当我们像游戏设计师一样的思考，我们可以把一切都游戏化，巧妙地运用优秀游戏的各种设计和经验，可以彻底地改变我们的互联网、教育、服务业、商业、工业等传统企业的方方面面。游戏平台是互联网 + 时代最重要的变现平台，游戏行业本身掌握了这套重要的游戏机制、资源和平台，它将快速引导各行各业的游戏化进程，这样一个崭新的时代可以称之为"游戏 +"时代。

"游戏 +" "互联网 +" 的新篇章

互联网 + 是一种新的经济形态，用互联网的创新成功重构经济社会的各行各业，发展新形态。

游戏化设计原则将帮助我们建立整套的产品体系，从定位，到机制，到规则，它提供给我们的更是一套世界观、价值观和方法论，它是虚拟世界与现实世界的完美结合。

在可以预计的未来，衡量传统企业市值也将变得游戏化，传统型企业用企业资产负债表、现金流量表等财务报表来衡量一家企业的市值，到"游戏 +"时代也将会有所改变，它将以次日留存率、七日留存率、用户活跃度、用户每月贡献的收入等更为科学合理的动态指标作为衡量企业价值的标准。

人生是无限的游戏

纽约大学宗教历史系教授 James P.Carse 认为：世界上的游戏分为两种。一种是有限的游戏，有限的游戏比输赢，另一种是无限的游戏，无限的游戏旨在永远进行下去。

有限的游戏在边界内玩，具有一个确定的开始和结束，拥有特定的赢家，规则的存在就是为了保证游戏会结束。有限的游戏能够反复玩无数次，游戏的获胜者总是在某一时间的特定游戏中获胜的，但是他们获得头衔的有效性却有赖于此游戏的重复进行。

无限的游戏玩的就是无边界，既没有确定的开始和结束，也没有赢家，它的目的在于将更多的人带入到游戏本身中来，从而延续游戏。无限的游戏不能有终点，所以它也无法重复。

在我们的现实生活中，我们选择做一家公司，这是个无限的游戏，它旨在尽量地延续下去。但是当我们的公司在市场上遇到势均力敌的对手，并针对某一款产品，某一项服务，某一款游戏的时候，就是个有限的游戏，有限的游戏比输赢，比如微信支付和支付宝支付，这两者的博弈是有限的游戏。

有限游戏的获胜者赢得的是头衔，头衔是其他人对于特定游戏中获奖者的一种承认，自己不能自封头衔。头衔要求得到观众的授予和尊敬。由于承认这一头衔者接受这一事实，即获胜者赢得头衔的竞争不能再比第二次，所以财产便与头衔相伴而生。头衔的所有权表示了大家一致认为，特定的那场比赛已经永远结束。财产的目的，就是使我们的头衔变得可见，财产是标志性的。它让其他人想起我们所向披靡的那些领域获胜。

文化是无限的游戏，文化无边界，在一个文化中，所有人都能成为参与者，无论任何时间任何地点。因为文化没有时间边界，所以文化并不将它的过去理解为宿命，而是视为历史，即一种已经开始但永远指向无穷开放性的叙事，生活在这样有力量的图景中，他们便避开权力，喜悦地做着各种拓展边界的游戏。

无限的游戏有其规则，文化则有自己的传统，无限游戏的规则能够自由达成或自由更改，文化传统也会被改造，并在改造中发生变化。不可重复性是所有文化的典型特征。莫扎特的第 41 号交响曲不可能再创作一次，社会将这些作品保存起来，认为他们是那些在各自游戏中获胜者的成果。然而，文化并不将这些作品视为奋斗的产物，而认为是奋斗过程中的瞬间——文化即奋斗本身。

人生是个无限的游戏，我们每天睡觉、吃饭、工作是为了延续这个游戏本身的秩序，维持我们降落在这个世界上基因的秩序。我们所做的一切活动，扮演的所有角色，都是为了尽量地让我们获取更多的装备、坐骑、宠物、法宝等，为的是把游戏玩得更好，打败其他的竞争对手，获得更好的游戏体验。

世界是终极的游戏

我们曾提到过人体的大脑结构，人脑的输入设备是感觉器官，包括视觉、触觉、味觉、嗅觉和听觉。比如眼睛的视网膜上有感光细胞，一旦光线打到视网膜上，感光细中的感光蛋白会产生电流信号，把外部世界的信息传递到大脑中，大脑是 CPU 和存储器，能够对信息进行加工，并且能够以记忆形成储存。如果人脑中关于外在世界的信息，真的只是通过感官输入虚拟出来的，我们怎么可能分辨得出它的真假呢？

我们来看一下虚拟现实技术，这项技术之所以能够成功，主要是由于来自于四个方面的因素。首先是"多感知性"，在这个虚拟世界里你应该具有多种感知能力，能看、能听、能摸、能闻、能尝，它所具备的功能与人类的感官功能越接近，真实感就会越强。其次是"存在感"，看上去这个虚拟世界中的一切都是真的，听起来是真的，动起来是真的，如果在现实世界中的感觉一样，让你无法辨别真假。第三是"交互性"，你和虚拟世界中的事物之间应该可以进行互动，能够用手去抓取物体，这时手中会有握着东西的感觉，能够感觉到物体的重量，视野中你用手抓着的物体会跟随着你的手动。第四是"自主性"，在虚拟环境中药有物理规则，发生的事情要遵循严格的因果规律，这样才像是一个独立的真实系统。

目前虚拟现实技术还不够理想，但是也已经慢慢在参与到我们的生活中，并改变我们的世界，目前存在感比较高的虚拟现实系统，是基于头盔式显示器的系统。在这个系统中，参与虚拟体验者带上头盔，然后人为地把视觉、听觉与系统外的世界隔绝，通过语音识别、数据手套、数据服装等先进的接口设备，使参与者以自然的方式与虚拟世界进行交互，就如同在现实世界中一样。头盔显示器能提供高分辨率、大视觉的虚拟场景，让体验者看到和真实世界一样的画面。

佛教中的"五蕴"，分别是"色蕴"、"受蕴"、"想蕴"、"行蕴"和"识蕴"五者，蕴是积累的意思。所谓"色蕴"，就是指外界形形色色的事物。"受蕴"是指人体的感觉器官在接触外界时所产生的感觉；"想蕴"是指对外界刺激产生感觉后脑子里出现的想法；"行蕴"是指根据想法去采取的行动；"识蕴"是对行动的后果进行总结从中得出对于这个世界的认识。

佛教的这些说法，和虚拟现实技术非常相似，我们对于眼前世界的感知完全依赖于我们的感觉器官，因此佛陀一再告诫我们"色即是空，空即是色""凡所有相，皆是虚妄"，说我们感受到的这个形形色色的世界，实际上全都是虚幻。

我们可能离摆脱"现实"只有一步距离，我们周遭环境的世界其实已经被虚拟了，而宇宙就是一个虚拟的现实。我们可能处于一种复杂的模拟环境中，我们的世界只是未来生物的游戏消遣，或者是他们眼中的《魔兽世界》而已。

科学家认为 100 亿 -150 亿年前，一次规模巨大的爆炸使空间像气球一样不断膨胀，之后在宇宙中形成了一亿百兆之多的星系，并在我们的星系中形成了三亿百兆之多可的恒星。这个过程预示着时间的开端，再后来，经过热气凝结和一系列"幸运"的偶然事件，地球出现了，且最终形成了万物赖以生存的环境。除了我们之外，可能还有无数的世界存在，科学家把这些世界叫做"平行世界"。多数科学家相信这个理论，如果你也相信，你会发现"我们生存在游戏模拟之中"的假说是有合理性的。

尼克·博斯特罗姆是牛津大学的一位哲学家，他所在的未来人类研究所提出了一种"模拟理论"。他认为，心理状态不只是存在于人类和动物之中，它还存在于其他物理或电子现象中。就是说"意识""智能"和"自我认知觉知"既会出现在一个有机脑中，也会出现在硅脑或磁脑中。一台足够强大的大脑，外加一个超级复杂的软件，即可模拟出我们的心理状态。

另一名支持"模拟理论"的科学家，是来自美国航空航天局喷气推进实验室演化计算和自动化设计的主管里奇·特里尔。他们的观点有数据、科学和人类历史等证据支持。我们不是用心智控制躯体，而是大脑连接着一个庞大的神经网络，来操控一场大型多人的幻想游戏。特里尔认为，意识不过是人类大脑复杂结构中产生的副产品，如果计算机处理能力的增长速度与过去 100 年的增长曲线指数相同，那么到 2030 年，计算机就可以完成对人脑的复杂计算。根据卡内基梅隆机器人研究所汉斯·莫拉维克预测，在 1980 年，一台价值 1000 美元的计算机相当于一个细胞的脑力，1990 年，相当于线虫，2000 年，其脑力接近于蜥蜴水平，接下来，是老鼠，然后是猴子，2030 年，计算机将会达到人类的脑力。未来的 10 年到 30 年，人工意识将会被嵌入到机器中。

随着科技的发展，我们很快就可以创建自己的模拟宇宙了，生活在模拟世界中的我们，又模拟了一个世界，而这个世界的居民不知道他们其实是我们集体计算的想象力的产物。如果我们的设计者，其实也是模拟环境中的模拟生物呢？如果他们的设计者同样也是呢？我们的世界可能存在着一层一层的模拟世界，它是一个终极的游戏。

游戏，是目前这个星球上最强大的表达方式。

移动游戏，是目前这个星球上最自由的表达方式。

单从艺术表现力来说，游戏已经是所有艺术形式的的最高典范。

互动性，代表着参与度和虚拟现实的可能。

逻辑性，代表着程序语言作为理性的模度接入了本来天马行空的艺术世界。

超强的变现能力，让游戏的虚拟空间快速吞噬我们生活工作的现实空间。

游戏从一个个释放自我的个体手中，蔓延到泛娱乐领域的 IP 游戏化，再深入到传统行业的每一个角落。

游戏，这个艺术和技术的混合体，展现了表达方式上的无限可能。

她吸引着我们，她诱惑着我们，我们无法逃避、无法躲藏。

一个发自宇宙深处的声音：让我们用游戏改造一个个新星球、新世界。

这一切将从我们开始，世界因我们而改变。

附录 1：云管理的绩效如何评估

在云管理中，也有评估一个人价值的绩效内容，绩效主要有三个维度，用心程度、工作能力和工作业绩。这个评估规则主要是为了让每个成员了解我们倡导和鼓励的方向，以及我们规避和不希望的方向。

用心态度

用心态度包括主动性、责任感、守规则、合作精神、工作质量、勤勉工作等方面。这几个方面和大部分的公司一样，云管理欢迎价值观、理念和企业保持一致且充满敬业精神的团队成员。

用心程度考核标准

评分指标	最高分数	评 5 分的标准	评 4 分的标准	评 3 分的标准	评 2 分的标准	评 1 分的标准
主动性	5	全力以赴，主动增加额外的工作，总是超乎想像，善于建立群组解决问题，积极回应群组问题，提出自己的见解和主张	从来不需督导，主动学习，不断改进和成长，积极回应群组问题，提出自己的见解和主张	基本上工作无需指示，如约完成基本工作，新事物需要指导，关注群组问题，但是点赞和赞同别人居多	处理新事物容易出错，经常需要监督，对群组表示无感，习惯线下沟通自己的想法	只能照章行事，遵从指示做事，需不断监督，不认识群组
责任感	5	以积极的态度主动承担责任，推动工作绩效的改进，做事关注结果，紧盯结果	考虑问题认真周到，绝少出错，出现差错从不推卸责任，主动担当责任	基本上能认真开展工作，出现失误能承担责任，接受批评和建议	出现责任问题时，经常寻求理由开脱	缺乏明显的工作责任心，面对问题总是推卸责任
信守规则	5	尊重和信守承诺，顾全大局，主动提出改进建议，以完善各项规则	积极执行和推进各项规则，总是能遵守约定的规则	说到做到，信守规则和约定	经常不服从上级命令，不能遵守各项规则	总是不服从上级命令，不能遵守各项规则
合作精神	5	与同事或主管合作有效，随时准备接受新观念，与人相处非常良好，接纳建议，从善如流	一向合作良好，愿意接受新方法，面对新建议愿意尝试	大体上与人相处愉快，偶尔会有摩擦，总是强调自己的立场，没有同理心为别人考虑	时常不能合作，表现不同意的态度，难以相处，心态不够开放	似乎无法与人合作，不愿意接受新事物，面对建议总是第一时间说困难，或者做不到
工作质量	5	工作一直保持超高水准，精准完美，每项工作都有规划和制订工作清单	工作几乎永远保持正确、清楚，有错自行改正，准确制订和执行工作清单	大体满意，但有小错误，偶尔不用工作清单，工作会有遗漏	经常犯错，工作不细心，很少使用工作清单	工作懒散，可避免的错误频繁出现
勤勉工作	5	一向都可以信赖，将工作做到极致，能形成标准流程，对别人有借鉴意义	大部分时间都能认真做事，偶尔需要人提醒，调整和改进	通常能坚守岗位，如期完成工作，工作量大也能如期完成	时常忽视其工作	有机会就偷懒，时常喜欢闲荡。

工作能力

工作能力方面主要考核创新创造能力、借力引进资源能力、协同能力和执行力等方面。

工作能力考检标准

评分指标	最高分数	评 5 分的标准	评 4 分的标准	评 3 分的标准	评 2 分的标准	评 1 分的标准
创新创造能力	5	不断创新和创造新事物，敢于提出可执行的颠覆性的新建议、新做法，并且获得称赞和认可	不拘泥于现有的思维和思路，能创新和发挥自己的主动性，给别人带来惊喜，获得称赞	能创新和发挥自己的主动性，能提出自己的新思路，新想法	创新型思维不够，只能跟随或者给别人点赞	没有创新的思维，固守陈规
借力引进资源能力	5	充分理解"借力"，善于整合整个互联网和社会、微信、微博、朋友圈资源，不断寻找、借用外围比我们更专业的资源和能力，别人比我们干得好的，绝不自己上手干	有"找抄改"的能力，懂得借鉴互联网的共享精神和经验，懂得在公司外围借力，具备整合资源的能力	遇到困难和费力的问题，懂得向外求助，借助群组的力量，知道自己不懂什么，愿意听取别人的意见，而不是闭门造车	不懂得向外求助，还觉得自己是任劳任怨，觉得自己时间宝贵，不会借助群组力量	完全不懂得借力，只懂得傻干，苦干，极大地降低效率，事情一个人全干了
协同能力	5	在多个工作群组中担当主要责任，能够同时支持 10 个以上的内部工作群组，能够对群组的工作及时、准确地做出响应，并给予其他人及时的帮助和支撑	在多个工作群组中担当责任，能够同时支持 6 个以上的内部工作群组，能够对群组的工作及时、准确地做出响应，并给予其他人帮助和支撑	同时列席多个工作群组，能够对群组的工作做出响应，并提供相关的信息，给予其他人帮助	只能在自己相关的工作群组中完成任务，暂时不能同时跨部门帮助别人解决问题	基本不能习惯群组协同工作，总是在线下解决问题，无法和别人协同
执行力	5	有超强的执行力，关注结果，在很短时间内出效果，出方案，出结果，出成绩	关注事情结果，不断推动事情向好的方向发展，对时间有紧迫感	按部就班地推动事情进展，有时需要其他人督促和询问事情结果	不关注事情结果，事情总是被延期，总考虑很多外围事情，忽略结果本身	无法如期完成任务，想法很多，成绩不多，说得太多，具体落实得很少

1. 创新创造能力满分 5 分的标准：不断创新和创造新事物，敢于提出可被执行的颠覆性的新建议，新做法，并且获得称赞和认可。

2. 借力引进资源满分 5 分的标准：充分理解"借力"，善于整合互联网和社会、微信、微博、朋友圈资源，不断寻找、借用外围有比我们更专业的资源和能力，别人比我们干得好的，绝不自己上手干。

3. 协同能力满分 5 分的标准：在多个工作群组中担当主要责任，能够同时支持 10 个以上跨部门工作群，能够对群组的工作及时、准确做出响应，并给予其他人及时的帮助和支撑。

4. 执行力满分 5 分的标准：有超强的执行力，关注结果，在很短时间内出效果，出方案，出结果，出成绩。

工作业绩

工作业绩部分，根据各部门不同的工作内容有不同的奖励制度，但是大部分都没有特别具体考核的指标。

比如销售部门没有业绩指标，但是提成和奖励政策很高。在一个开放的、信任的、没有业绩指标的氛围下，更容易让大家保持轻松的心态，而不会让很多人背着沉重的业绩指标的包袱，我们不惩罚你没有做到的事，但是我们奖励你做到的事。

产品部、技术开发部，他们开发的企业产品和服务是否能够满足用户的需求，是否能在市场上获得生存空间，需要时间来验证，它更多取决于整个团队、行业大环境、潮流和趋势、风口和浪尖。

企业内部还有一些部门，如运维部、财务部等内部支撑体系，他们服务于整个团队，而且任务是随机变化，每天随时随地产生和解决，因此很难用既定的业绩指标来考核。

四方性格测试表

基本信息和说明	您的姓名			您的性别（请划勾）			男	[　]	女	[　]
	请在下面每题中的 A、B、C、D 四种描述中，分别填上 1.2.3.4									
	其中【4】= 最像你　【3】= 像你　【2】= 不像你　【1】= 一点不像你									
	每道题都必须选出且唯一一个 1.2.3.4 的答案，注意不能重复。请于 15 分钟内完成									
	回答问题时，请放松自己，想象您是身处于自然的环境中，这不是考试，没有对错，不要有压力，您只需按照直觉诚实回答。									
	A			B			C		D	
	在决策上我倾向	客观、实事求是	[　]	非常有主见刚毅果断	[　]		凭个人感觉或大家拥护	[　]	缓慢谨慎细心	[　]
1	我做事的风格是	力求精确完美	[　]	善于决断效率高	[　]		在乎感受重视过程	[　]	与别人合作完成	[　]
2	在人际关系上我倾向	君子之交淡如水	[　]	别人认可我的领导	[　]		别人因我很开心	[　]	接纳别人	[　]
3	让我振奋的事情是	独处静思	[　]	体能活动	[　]		社交时间	[　]	悠闲无事	[　]
4	我更多时候倾向	把事情做的更完美	[　]	关注事情是否有结果	[　]		重视关系和他人感受	[　]	重视过程和团队	[　]
5	我认为我的最大优点是	精确重细节	[　]	独立自信勇敢	[　]		乐观热忱热情	[　]	随和、包容别人	[　]
6	我希望得到大家的	肯定和认同	[　]	佩服和尊重	[　]		接纳与赞同	[　]	彼此欣赏	[　]
7	我给人的感觉通常是	谨慎很理性	[　]	大家愿意听我的	[　]		友善和开放	[　]	接纳和温和	[　]
8	我骨子里需要	把事情做的更完美	[　]	事情尽在掌握	[　]		新鲜好玩有意思	[　]	稳定的、和谐的	[　]
9	我平时的声调是	彬彬有礼不激烈	[　]	坦率磊落又直接	[　]		富于感情又生动	[　]	随和又低调	[　]
10	我做决定会	会花很多时间慎重权衡	[　]	果断快捷高效	[　]		视自己心情有时冲动	[　]	视关系而定	[　]
11	如果组织集体活动，我是	仔细考虑决定是否参加	[　]	活动发起人或旁观者	[　]		是团队中的明星	[　]	积极参与者	[　]
12	我最不喜欢的事情是	被人批评和打扰	[　]	被人忽悠或欺骗	[　]		失去大家的认同	[　]	丧失稳定的环境	[　]
13	得分	请累加一下 A 列分数		请累加一下 B 列分数			请累加一下 C 列分数	[　]	请累加一下 D 列分数	

每项内容计算总分，A 列是猫头鹰性格，B 列是狮子性格，C 列是百灵性格，D 列是海豚性格，方便大家了解自己的主性格和副性格。

附录 3：上方同事案例

案例 1：帮助团队节约大量时间

初识"云办公"让我有种惊为天人、想要马上拥入怀抱的冲动，我决定试一试，不曾想却试出了一段全新的人生起点和一个自己曾幻想过的家庭。我现在中午可以和儿子一起吃个饭、坐在沙发上看半小时的儿童动画，晚上带儿子洗个澡，玩玩吹泡泡和比勇气的游戏。我在这个家里感觉好幸福，我的家人们似乎也因为我的加入而变得更加幸福。

——老李

2014 年 4 月，姐姐的孩子出生了，为了第一时间看到这个小生命，我申请了回山东老家办公；在家里有网络就可以正常工作。在休息时间，我就可以逗逗小外甥，和姐姐聊聊天。另外，过年回家是每个在外地打拼的人最迫切的愿望，可是法定的七天节假日让我们必须请年假或者临近春节才能回家，让人备受煎熬。但是在上方，我们可以利用周末的时间提前回家，只要有网络在家正常办公就可以了，可以提前 2-3 周跟家人团聚，一起准备年货、聊家常。

——小哇

案例 2：蜂窝群组沟通提高了工作效率

曾经在其他企业工作过，邮件总是得不到及时回复，有时还要纠结于一封邮件收件人应该是项目组的哪些成员，优先抄送给哪些领导。这些在上方的蜂窝群组办公的模式下早就解决了。项目确定下来后，及时确认参与同学，建立群组随时沟通的模式，让工作瞬间得心应手，不用担心找不到相应环节对接人；不用担心因为看不到邮件而无法及时回复跟进；相应项目文件也借助群组已经划分得井井有条，不用担心找不到相应文件。这里让我真正感受到了什么叫做事半功倍。

——灰色

案例 3：蜂窝群组沟通减少信息的失真

我现在每天都要见团队，每天各个群组的各项工作如果是在线下沟通，我是根本不可能知道的，因为要跨部门跨业务，有蜂窝群组记录后，开完会就可以再回头来了解每项工作进展，丝毫不影响各种事情同步进行。这样还能提高效率，而且有些事情想不起来时候翻聊天记录就可以一目了然。

每天要吸收很多团队的信息，如我在向美萌科技大宇咨询某个卡通 IP 如何和他们的游戏结合到一起时，他当时给我讲了很多我平时都没有接触的东西，如果电话沟通我很难再复述他所要表达的真正含义，所以我就把他说的原话都截图到群里给秋水看，秋水一下就懂了，这样既能节省我解释的时间，还让秋水知道这件事的来龙去脉，对这个人有一个很客观的判断，通过截图秋水觉得他是一个靠谱的人，到现在一直在帮他做指导。

——爱土豆丝说

曾经有一次秋水向我传达了团队整体的工作方向，并要我转述给团队其他同事，我直接选择了截图说明，并简单地解释了一下，说：秋水的意思，大家执行吧。然后就自顾自地去忙了，等到临近中午的时候，另一位同事对我早上的传达提出了异议。我习惯了自说自话的表达，如果不是同事很执着地纠正，可能就出大错了，表述自己想说的话，并不是事情真实的样子，所以要传达 + 沟通，尽量使用白话，口语，减少不必要的误解。在表述一件事的时候，要有始有终，让一篇文字明确地传达事件，让每一位第一次接触事件的人都能看得懂，思维跳跃可以存在于发散性讨论中，但是不建议用于对事件的传达和工作安排，更不能自以为是地跳开讨论来独自做决定。

——米琪

1. 个人能力的提升。群组模式下我加入很多不同主题的 QQ 群, 同步去了解和熟悉各方面的信息, 让我快速成长, 如果没有这种模式, 要熟悉工作岗位可能需要 1-3 个月的时间。在这种模式下可能会节省一半的时间, 而且信息量会更多, 通过在群里沟通交流模式可以学习其他人的优点, 反省自己的不足, 更快速地学习成长。

2. 工作效率的提高。如果你有多个群组, 说明多件事项会涉及你, 在群组模式中你可以多项事情同步进行, 一边跟客户确认合同事项, 一边参与组内策划案的讨论, 一边还可以配合协助其他部门的需求。群组沟通时刻保持信息对称, 让在最短时间里做出正确的判断, 工作效率大大提升。每人都可以身兼数职, 同时也可以保证工作质量。群组交流模式有聊天记录, 大家可以随时查阅自己想要信息内容, 好多时候我会在空闲时去翻阅没有阅读过的文档, 及时给自己填补落下的团队信息。

3. 团队意识的建设。群组沟通交流让大家更快速地了解团队里的每位成员, 言行举止总是能透露一个人的性格特点跟处事方式, 管理者可以更好地利用成员自身优势去创造更大的价值空间。成员之间也是相互学习的对象, 长时间相互沟通大家的感情也加深了, 这对于一个团队是非常有必要的。当然也让我们感觉到更加平等, 汇报问题可以直抒胸臆, 不存在跨级汇报就会触碰企业红线的问题。

——果果

案例 4: 蜂窝群组降低决策风险

蜂窝群组沟通的模式让我吸收每个人的经验和教训, 也慢慢变得被更多人需要, 比如给客户写个合作方案, 自己不确定是不是优秀, 别犯愁, 丢到群组里, 上到公司领导，下到基层员工都能提出修改意见，再配合直观的沟通交流，适合客户的合作方案迅速出炉，此时的你柳暗花明。

——大海

案例 5：蜂窝群组让组织成为智慧型组织

入职之前基本上不怎么用 QQ 聊天，记得刚进行群组沟通的时候，因为群里有很多人在，我很害怕在群里沟通，担心说错话，所以每句话都斟酌思量很久，等思前想后 3 分钟按出 Enter 键后，群里已经聊了很多了，发现自己的思维和行动已经跟不上大家的节奏，所以那时候心里明显感觉到着急、心慌和胆怯，并开始渐渐怀疑自己的工作能力。大概快 1 个月的时候，我慢慢摸索到了群组的沟通方式，就是要勇敢大胆地表达自己的想法和意见，虽然有时候我的想法是错的，但是大家会在群里给我指出来，这样反倒会让我重新思考、让我进步。

——小谭

海外市场部"听起来就很高大上，有木有？我觉得那都得是外语特棒、能力很强或者是海归待的地方。进入到这个部门，开始时我是没自信的，因为学过的那些英语自打毕业后又还给老师了。但是既来之则安之，唯有好好努力工作，珍惜领导们给我的这次机会。还好我的优势就是执行能力强，主动性比较高，每项工作都是先做计划然后按照计划一步步地去完成，关注结果。来上方近三个月，负责策划并组织了三场海外沙龙专场活动：欧美移动游戏全产业链剖析论坛，移动游戏出海日本市场秘籍和刚结束的移动游戏出海东南亚的挑战与机遇。通过这段时间的工作，我从行业小白逐渐了解了移动游戏行业，知道了怎么去学习和自我提升，接下来海外市场部的工作将有更多的挑战，我也相信我们一定会走得更好。

——蔷薇

案例 6：工作清单

由于一个人身处不同群组有不同身份，在同一时间接触到不同任务的可能性相当高，所以，我们借用一个简单好执行、高效不易出错的方式来对我们的工作进行一个系统化的管理——工作清单。

——小花

如果你认为这本书对你有帮助，

请相信这不是来自于我；

而是来自于你自己的感悟和智慧，

而这本书恰好路过见证。

没有谁是真正能够帮助到你的，

能帮助你的唯有自己，

感谢和欣赏你自己的开放，

包容和从善如流吧。

丰盈不是来自于积累，

而是来自于欣赏。